지은이
제임스 클리어 James Clear

미국 최고의 자기계발 전문가이자 〈뉴욕 타임스〉 베스트셀러 작가. 습관 형성, 의사결정 등 지속적인 자기 관리에 대한 다양한 인사이트를 제공하는 그의 뉴스레터는 단 2년 만에 10만 구독자를 돌파하며 큰 화제를 모았고 현재는 전 세계 300만 명의 구독자를 보유하고 있다. 그가 발행한 뉴스레터 중 일부는 〈뉴욕 타임스〉, 〈월스트리트 저널〉, 《포브스》, 《타임》 등 저명한 매체에 소개됐다. 또한 현재에도 《포춘》 500 기업들에서 앞다투어 초빙하는 명연사다. 지금까지도 미국 전역에서부터 유럽, 아시아까지 전 세계를 여행하며 좋은 습관이 주는 인생의 놀라운 변화에 대해 사람들에게 알리는 중이다.

그의 인사이트가 담긴 《아주 작은 습관의 힘》은 출간된 후, 60개국 이상 번역, 전 세계 2,500만 부 이상 판매되며 수백만 명의 인생을 변화시켰다. 원서 제목인 'Atomic Habits'을 새긴 문신 인증 숏이 이어지는 것은 물론 이 책으로 건강, 커리어, 관계까지 변화시켰다는 독자들의 메시지가 쇄도했다. 저자는 이러한 독자들의 관심과 성원을 지켜보며 《아주 작은 습관의 힘》의 개념과 이론들을 더욱더 쉽고 빠르게 실천할 수 있도록 돕기 위해 다시 한번 책을 집필하기로 다짐한다.

그렇게 탄생한 공식 워크북 《쓰면서 완성하는 아주 작은 습관의 힘》은 습관 쌓기의 이론은 습득하였지만, 실제로 습관을 만들려면 어떻게 시작해야 할지 막막한 사람들이 직접 손으로 적으며 습관을 완성할 수 있도록 도와준다. 방법은 알아도 홀로 실천하기란 쉽지 않다. 이제 이 책의 다양한 워크시트를 따라 작성하다 보면 자연스럽게 좋은 습관을 만들고 나쁜 습관은 고치며 인생이 변화함을 느낄 수 있을 것이다. 지금 당장 펜을 들고 체계적이고 과학적인 습관 챌린지를 시작하며 매일 1%씩 성장하는 기쁨을 누려보자. 1년 뒤 당신은 37배나 성장한 자신의 모습을 마주하게 될 것이다.

저자 블로그 jamesclear.com

Korean edition design 오은수

_____ 님께

오늘이야말로 행동하기 가장 좋은 기회일 수 있습니다.
변화는 바로 이 페이지에서 시작됩니다.

자, 이제 펜을 들어 보세요.

쓰면서 완성하는
아주 작은 습관의 힘

The Atomic Habits Workbook:
Simple Exercises for Building the Life You Want
by James Clear
Originally Published by Avery, an imprint of Penguin Random House LLC, New York.

Copyright ⓒ 2025 by James Clear
All rights reserved including the right of reproduction in whole or in part in any form.
No part of this book may be used or reproduced in any manner for the purpose
of training artificial intelligence technologies or systems.

Korean Translation Copyright ⓒ 2025 by The Business Books and Co., Ltd.
This edition published by arrangement with Avery, an imprint of Penguin Publishing Group,
a division of Penguin Random House LLC, New York through Alex Lee Agency ALA.

이 책의 한국어판 저작권은 알렉스리 에이전시 ALA를 통해
저작권자와 독점 계약을 맺은 (주)비즈니스북스에게 있습니다.
저작권법에 의해 국내에서 보호를 받는 저작물이므로 무단 전재와 복제를 금합니다.

쓰면서 완성하는 **아주 작은 습관의 힘**

제임스 클리어 지음 | 신솔잎 옮김

옮긴이 | 신솔잎

프랑스에서 국제대학을 졸업하고, 프랑스, 중국, 국내에서 경력을 쌓았다. 《내 시간 설계의 기술》, 《결정력 수업》, 《탁월한 리더의 성공 법칙》, 《스토리 설계자》, 《유튜브, 제국의 탄생》 등 50여 권의 책을 번역했다.

쓰면서 완성하는
아주 작은 습관의 힘

1판 1쇄 발행 2025년 12월 15일
1판 3쇄 발행 2025년 12월 22일

지은이 | 제임스 클리어
옮긴이 | 신솔잎
발행인 | 홍영태
편집인 | 김미란
발행처 | (주)비즈니스북스
등 록 | 제2000-000225호(2000년 2월 28일)
주 소 | 03991 서울시 마포구 월드컵북로6길 3 이노베이스빌딩 7층
전 화 | (02)338-9449
팩 스 | (02)338-6543
대표메일 | bb@businessbooks.co.kr
홈페이지 | http://www.businessbooks.co.kr
블로그 | http://blog.naver.com/biz_books
페이스북 | thebizbooks
인스타그램 | bizbooks_kr
ISBN 979-11-6254-450-1 03190

* 잘못된 책은 구입하신 서점에서 바꾸어 드립니다.
* 책값은 뒤표지에 있습니다.
* 비즈니스북스에 대한 더 많은 정보가 필요하신 분은 홈페이지를 방문해 주시기 바랍니다.

비즈니스북스는 독자 여러분의 소중한 아이디어와 원고 투고를 기다리고 있습니다.
원고가 있으신 분은 ms1@businessbooks.co.kr로 간단한 개요와 취지, 연락처 등을 보내 주세요.

ATOMIC [ə'tämik]

[형용사] 원자의
1. 극도로 적은 양. 더 이상 줄일 수 없는 가장 작은 하나의 요소
2. 막대한 양의 힘을 내는 근원

HABIT ['habət]

[명사] 습관
1. 규칙적으로 수행하는 일상적인 행위, 특정 상황에 대해 자동적으로 행하는 반응

차례

들어가며: 지금 당신에게 《아주 작은 습관의 힘》이 다시 필요한 이유 ・ 011

Part 1

나를 포기하지 않는 습관 쌓는 법

습관은 과학이다 ・ 021
매일 1퍼센트씩 성장할 때 일어나는 일들 ・ 021
하룻밤 사이에 성공하는 사람은 아무도 없다 ・ 026
일찍 일어나는 새에게는 시스템이 있다 ・ 029
습관은 결국 나라는 정체성을 쌓는 일 ・ 031
습관이 뇌에 새겨지는 네 가지 원리 ・ 035
당신의 행동을 바꿀 네 가지 법칙 ・ 039

내 삶을 최적화하기 위한 습관 점검 ・ 041
우리에겐 올바른 지도가 필요하다 ・ 041
지금의 나 자신을 있는 그대로 바라보기 ・ 043
원하는 목적지를 향해 걸어라 ・ 065
시작하는 순간 모든 게 달라진다 ・ 075
셀프 체크리스트 ・ 086

Part 2 행동 변화의 네 가지 법칙

첫 번째 법칙, 분명해야 달라진다 · 094
왜 아무리 결심해도 습관을 만들기 어려울까 · 096
언제, 어디서, 무엇을 할 것인지 결정하라 · 098
기존의 습관에 새로운 습관을 짝지어 주기 · 103
내 루틴 속에 슬쩍 습관 밀어 넣기 · 107
잘 쌓인 습관은 단단한 틀이 된다 · 116
무의식적인 것을 의식하라 · 117
"또 핸드폰 하고 있어!"라고 외치는 힘 · 119
침대 옆에 책을 두면 자연스레 읽게 된다 · 123
가장 많은 시간을 보내는 공간 점검하기 · 125
습관을 뒷받침해 줄 환경으로 세팅하라 · 132
TV 시청과 일하기가 겨루는 환경이라면 · 140
결론: 행동 변화의 첫 번째 법칙 · 145
핵심 요약표: 행동 변화의 첫 번째 법칙 · 146
셀프 체크리스트 · 147

두 번째 법칙, 매력적이어야 달라진다 · 150
필요한 습관과 원하는 습관을 짝지어라 · 154
긍정적 감정을 불어넣는 동기부여 의식 · 160
재미있는 게 효과도 있는 법이다 · 164
'내가 정말 원하는 건 무엇인가?' · 167
마인드셋 전환으로 나를 설득하라 · 171
열망을 새로운 습관으로 대체하기 · 174
'우리'가 '나'의 습관에 미치는 힘 · 177
당신은 어떤 습관의 집단에 속하는가 · 178
습관에 에너지를 불어넣는 사회 환경 설계하기 · 183
에너지를 주는 관계 vs. 에너지를 뺏는 관계 · 187

결론: 행동 변화의 두 번째 법칙 · 190
핵심 요약표: 행동 변화의 두 번째 법칙 · 191
셀프 체크리스트 · 192

세 번째 법칙, 쉬워야 달라진다 · 195
일단 시작하게 하는 힘, 2분 규칙 · 198
성급한 마음에 2분을 초과한다면 · 201
습관을 재미있게 만들어 규모를 키워 가라 · 202
어제보다 더 나은 나를 만드는 습관 굳히기 기법 · 205
결정적 순간을 장악하라 · 207
헬스장이 무조건 가까워야 하는 이유 · 211
당신의 어떤 공간이 습관을 쉽게 만드는가? · 212
습관을 촉진하는 환경 설계하기 · 219
내일 러닝을 위해 오늘 러닝화를 준비하라 · 223
실패하기 어렵게 만들어라 · 225
미래의 나를 붙잡는 '약속 유지 장치' · 226
빈도가 낮은 습관은 '자동화'하라 · 229
단 한 번의 행동으로 모든 것이 끝나는 습관 · 232
결론: 행동 변화의 세 번째 법칙 · 233
핵심 요약표: 행동 변화의 세 번째 법칙 · 234
셀프 체크리스트 · 235

네 번째 법칙, 만족스러워야 달라진다 · 238
우리의 뇌는 즉각적인 보상을 좋아한다 · 241
나쁜 습관을 회피하기 위한 보상 전략 · 244
성장을 시각화하는 습관 추적기 · 246
'완벽하지 않아도 괜찮아' 해빗 트래커 · 249
혼자가 아닌 함께 하는 힘, 책임 파트너 · 252
습관 계약서로 문서화하라 · 255
결론: 행동 변화의 네 번째 법칙 · 258
핵심 요약표: 행동 변화의 네 번째 법칙 · 259
셀프 체크리스트 · 260

Part 3 지속적 성공을 위한 마인드셋 구축하기

오래 가는 습관을 위한 마인드셋 · 265
때론 완벽함보다 불완전한 날들이 낫다 · 267
일주일이 아닌 1년을 내다보는 힘 · 270
'예스'는 책임, '노'는 결정이다 · 272
계획된 실패는 회복도 빠르다 · 275
때로는 유연하게, 내 삶의 궤도에 따라 · 277
1년 후 나의 성장을 확인하는 체크리스트 · 279

부록 습관을 완성해 줄 실전 도구들

한 페이지로 보는 습관의 모든 것 · 284
빠르게 시작하는 습관 만들기 워크시트 · 286
빠르게 시작하는 습관 끊기 워크시트 · 287
핵심 요약표: 좋은 습관을 만드는 법 · 288
핵심 요약표: 나쁜 습관을 끊는 법 · 290
Habit Tracker · 292

습관 쌓기의 어려움을 빠르게 해결해 줄 실천 지도

습관을 시작하고 중단하길 반복한다면... • 198, 249, 252, 255, 275

미루기만 하고 시작하는 게 어렵다면... • 198

삶에서 대단히 큰 변화나 전환기를 경험하고 있다면... • 41

한 번에 너무 많은 일을 시작하는 경향이 있다면... • 21, 80, 198

환경이 내 발목을 잡는 것 같다면... • 123, 211

무엇을 바꿔야 할지 모르겠다면... • 29, 41

막막하고 어디서부터 시작해야 할지 모르겠다면... • 41, 286, 287

변화를 바라지만 시간이 없다고 느낀다면... • 21, 49, 198

변화를 시도할 때마다 너무 야심 차게 접근한다면... • 21, 80, 198

변화가 항상 나와의 싸움처럼 느껴진다면... • 31, 41, 154, 164, 171

무언가 잘못될 때 나를 책망한다면... • 56, 249, 275, 277

완벽주의자라면... • 21, 267

세상이 내 편이 아닌 것 같다고 자주 느낀다면... • 56, 123, 211, 225, 275

변화하고 싶지만 정말 할 수 있을지 자신이 없다면... • 177, 198, 270

원치 않는 습관을 친구와 가족들이 강요하는 것 같다면... • 177

더 나은 습관 유지 시스템을 찾고 있다면... • 177, 252

싫증을 금방 느낀다면... • 154, 164, 205, 272

기존의 습관에 싫증이 난다면... • 41, 164, 279

꾸준하게 지속하기가 어렵다면... • 56, 198, 225, 249, 255, 272

행동 변화의 전략을 종종 잊어버린다면... • 146, 191, 234, 259, 283

들어가며

지금 당신에게 《아주 작은 습관의 힘》이
다시 필요한 이유

《아주 작은 습관의 힘》이 출간되고 몇 년이 지난 어느 날, 대학 코치와 운동부 책임자들을 대상으로 강연한 적이 있었다. 강연이 끝나고 한 사람이 내게 오더니 미네소타주 세인트 올라프 칼리지에서 축구팀 수석 코치로 있는 트래비스 월이라고 자기를 소개하면서 이렇게 말했다.

"2019년 봄에 미네소타로 온 후 《아주 작은 습관의 힘》을 읽었습니다."

그러면서 곧장 말을 이었다.

"제가 인계받은 팀은 전 시즌에는 5승 13패, 그전 시즌에는 4승 1무 13패였어요. 팀의 훈련 프로그램을 완전히 바꿔야 했는데, 당신이 쓴 책 덕분에 제가 원했던 청사진을 분명하게 제시할 수 있었습니다."

이어서 그는 프로그램 전반에 걸쳐 선수들에게 더욱 나은 습관을 심어 주기 위해 어떤 시스템을 사용했는지 설명했다.

"첫 프리시즌에는 우리가 개선할 수 있는 사소한 것들을 가지고 프레젠테이션을 했습니다. 필드에서 해야 할 역할과 책임도 물론 설명했고요. 물집이 잡히지 않도록 새 축구화를 어떻게 길들여야 하는지, 그날그날 일정에 맞춰 알맞은 복장과 장비를 착용하는 방법, 얼음 목욕법 등에 대해 설명했어요. 《아주 작은 습관의 힘》에 실린 영국 사이클링 팀의 사례를 그대로 가져온 거죠. 선수들이 쓰는 매트리스와 바이크 안장이 편안한지 등을 점검하며 변화를 시작했던 사례 말이에요. 변화의 출발은 사이클링 자체보다는 환경에 맞춰져 있었죠. 저희도 이 방식으로 프로그램을 새롭게 만들어 가기 시작했습니다."

그의 이야기에 흥미가 생긴 나는 그가 선택한 접근법이 무엇인지 더 자세히 물었다. 그는 신이 나서 이야기를 계속했다.

"저는 시스템을 갖추고 이를 유지하기 위해 최선을 다하는 게 얼마나 중요한지 스태프들에게 이야기할 때마다 매년 그때의 프레젠테이션을 다시 꺼내 봅니다. 우리는 선수 영입을 어떻게 할지, 훈련 세션을 어떻게 짜고 피드백 교환을 어떻게 운영할지 우리만의 시스템을 마련했어요. 당신의 책을 읽지 않았다면 그런 시스템을 갖출 수 없었을 겁니다. 책을 다 읽은 후에는 '목표를 높이지 마라, 시스템을 낮춰라'라는 말이 제 마음속에 깊이 새겨졌습니다."[*]

그 후 그의 축구팀은 다음과 같은 결과를 냈다.

2018년: 5승 13패, 컨퍼런스 9위

---

[*] 2024년 5월 20일 NCAC 회담에서 트래비스 월과의 대화, 2024년 5월 22일 트래비스 월과의 이메일에서 발췌했다.

2019년: 9승 10패, 새로운 시스템을 도입한 첫해 컨퍼런스 6위

2020년: 코로나19로 시즌 취소

2021년: 19승 1무 3패, 컨퍼런스 우승, NCAA_{National Collegiate Athletic Association}

(미국 대학스포츠협회) 16강 진출

2022년: 15승 2무 5패, 컨퍼런스 우승, NCAA 16강 진출

2023년: 20승 3무 3패, 컨퍼런스 우승, NCAA 전국 챔피언

2018년 5승을 기록했던 이들이 5년 후 전국 챔피언이 되었다. 처음에 《아주 작은 습관의 힘》을 썼을 때만 해도 나는 이 책이 어떤 책이 될지 상상조차 하지 못했다. 물론 좋은 책으로 남길 바랐다. 하지만 보통 사람이라면 이 책이 출간 후 5년 만에 2,000만 부가 팔리리라고 예상하지는 못했을 것이다. 《아주 작은 습관의 힘》은 스스로 생명을 지니고 사방으로 뻗어 나가는 하나의 현상이 되었고, 이 책의 핵심 메시지를 받아들인 사람은 전 세계 수백만 명에 이른다. 말 그대로 작은 변화들이 모여 놀라운 결과를 이뤄 낸 것이다.

습관이 형성된 방향을 따라 삶의 궤적이 펼쳐진다. 무엇이든 반복하면 강화된다. 실제로 독자들을 보며 습관이 삶에 미치는 영향이 얼마나 대단한지 끊임없이 상기하곤 한다. 매일같이 《아주 작은 습관의 힘》이 자신의 건강과 인간관계와 커리어를 바꿔 놓았다고, 삶을 만드는 대단히 강력한 힘이 자신에게 있음을 깨달았다고 하는 메시지를 받는다. 어렸을 때 친구들은 이 책을 읽고 45킬로그램가량을 감량했고 술을 끊었다고 내게 전했다. 심리치료사들과 심리학자들에게서 온 메일에는 내 책을 내담자들에게 '과제'로 내준다는 이야기가 적혀 있다. 외과 의사들은 수술을 준비하는 방식이 달라졌다고 했다. 책의 핵심 메시지를 자녀, 학생, 선수들과 공유한다는 부모,

교사, 코치들의 사연을 수없이 들었다. 심지어 'Atomic Habits'(《아주 작은 습관의 힘》의 원서 제목—옮긴이 주)이라는 글자를 새긴 문신 인증 숏도 여럿 본 적이 있다.

전국 챔피언, 체중 감량, 문신, 이 모든 사연이 놀랍기는 하지만 내 마음을 진심으로 움직이는 이야기는 따로 있다. 내 책을 읽고 자기 자신을 다르게 느끼게 되었다는 말을 듣거나 글을 읽으면 눈가가 시큰해지곤 한다. "아이들이 저를 자랑스러워해요."라는 이야기를 들을 때, "이 책 덕분에 터널에서 빠져나와 제 삶에 다시 집중하게 되었어요."라는 독자의 사연을 접했을 때, "아주 오랜만에 거울 속 저를 마주하며 변화해 가는 모습을 만족스럽게 바라보게 되었어요."라는 말을 들었을 때 내 마음은 감동으로 일렁인다. 내가 줄곧 추구한 바였기 때문이다. '습관'이라는 한 방법으로 당신이 그토록 바라던 사람이 되는 것.

이 이야기들은 내가 애초에 왜 그 책을 쓰기로 했는지를 상기시킨다. 바로 사람들을 돕고 그들의 주도권을 되찾아 주기 위해서다. 벽에 부딪힌 사람들이 실제적이고 지속적인 변화로 나아갈 수 있도록 돕기 위해, 시간과 목표에 쫓기는 사람들에게 그들 자신이 삶의 운전대를 잡고 있다는 느낌을 전해 주기 위해. 이는 이 워크북을 펴낸 목적이기도 하다.

《아주 작은 습관의 힘》은 많은 독자에게 사랑받았지만(습관 분야에서 역대 가장 높은 평점을 받았다) 사람들이 과거의 습관을 버리고 새로운 습관을 실행하는 데에는 더욱 구체적인 도움이 필요하다는 사실을 깨달았다. 실제로 이해와 실천 사이에는 간극이 있고 이를 좁히기가 어려울 수도 있다. 환경을 만드는 일의 중요성을 강조하는 글들을 읽는 건 쉽지만 실제로 거실 환경을 완전히 바꾸는 건 어렵고 복잡하게 느껴질 수 있다. 습관을 쌓는 법을 배울 수는 있지만 바쁜 아침에 시간을 내서 효과적인 습관을 쌓기란 벅차게 느껴질 수 있다. 정체성을 중심으로 만들어 가는 습관의 힘을 이해하지만 그런 습관을 만들려면 어떻게 시작해야 할지 막막할 수 있다. 글로 읽었을 때는 간단해 보일 때가 많다. 하지만 정작 실제로 시작하려면 슬쩍 밀어 주는 힘, 넛지가 필요하다.

이 워크북이 바로 그런 역할을 한다. 이 책은 《아주 작은 습관의 힘》에 실린 개념과 실천법을 누구나 할 수 있는 간단하고도 실천 가능한 단계로 나눠 놓았다. 행동 변화의 네 가지 법칙을 어떻게 습관에 적용해야 할지 고민할 필요 없이 이 책에 실린 훈련을 따라가다 보면 어느새 자연스럽게 법칙들이 일상에 자리 잡을 것이다.

이 워크북은 《아주 작은 습관의 힘》과 짝을 이루는 책이므로 두 책을 함께 볼 때 가장 효과적이다. 하지만 이 워크북만 단독으로 본다거나 《아주 작은 습관의 힘》을 읽은 지 오래됐다 해도 걱정할 필요는 없다. 이 워크북에는 원문의 핵심 아이디어들이 모두 정리되어 있어 그 책을 다시 읽지 않아도 충분히 활용할 수 있기 때문이다.

'습관은 과학이다'로 시작하는 파트 1에는 《아주 작은 습관의 힘》에 담긴 가장 중요한 아이디어들이 요약되어 있다. 이를 통해 현재 자신의 상황과 니즈가 무엇인지 진단하고 어떤 변화가 필요한지, 어떤 생활 요인을 고려해야 하는지 파악할 수 있을 것이다. 파트 2 '행동 변화의 네 가지 법칙'에는 기존의 습관을 끊고 다시 만드는 과정에서 네 가지 법칙을 실천하고 통합할 수 있도록 단계별 훈련이 담겨 있다.

이 네 가지 법칙을 자신의 것으로 만들고 나면 파트 3 '습관과 함께하는 삶'을 통해 습관을 장기적으로 유지하는 마인드셋을 구축할 수 있다. 마지막으로 '습관을 완성해 줄 실전 도구들'에는 빠르게 시작하는 습관 만들기 가이드, 핵심 아이디어를 정리한 한 페이지 요약표, 습관을 추적하는 해빗 트래커가 마련되어 있다.

이 책을 읽다 보면 습관을 끊는 일과 만드는 일을 다른 섹션으로 구분하지 않았다는 걸 알게 된다. 그렇게 한 이유는 단순하다. 습관을 끊는 전략과 습관을 만드는 전략은 사실 동전의 양면과도 같기 때문이다. 표현을 조금만 비틀면 이 책에 나온 훈련 대부분은 두 용도에 모두 활용할 수 있다. 자신이 좋은 습관을 쌓는 데만(또는 나쁜 습관을 끊는 데만) 집중하는 것 같아도 괜찮다. 이 워크북을 당신에게 가장 잘 맞는 방식으로 활용하길 바란다.

이제 펜을 들고 시작해 보자

행동 변화를 계획하다 보면 모든 것을 한 번에 바꾸고 싶은 충동이 강하게 인다. 이는 독자들과의 대화를 통해 그리고 개인적인 경험을 통해 나 역시 잘 알고 있다. 하지만 내가 이 책을 쓴 목표는 독자들이 '행동 변화를 성공시킬 수 있는 접근법'을 택하도록 돕는 것이다. 이런 이유로 하나의 훈련에 습관 두 가지 정도만 적용할 수 있도록 페이지를 구성했다. 한 번에 습관 한 가지만 다루는 게 좋지만, 이 책을 두 번째 펼쳐 볼 때 다른 습관을 훈련하고 싶거나 지금 당장 해결하고 싶은 습관이 두 가지인 경우를 대비한 것이다.

내가 도움을 주기 어려운 부분은 기간에 대한 각자의 기대치다. 무언가를 완전히 내 것으로 만들려면 조바심과 인내심 모두 필요하다. 당장 행동으로 옮기고 싶고, 시간을 낭비하고 싶지 않고, 매일 긴박함을 갖고 노력해야 한다는 조바심. 만족감을 지연시키고, 행동이 점차 쌓이길 기다리고, 과정을 신뢰하는 인내심. 이 워크북은 둘 다 발휘할 수 있도록 도와줄 것이다. 장기적으로 보상을 가져올 무언가를 오늘 실천하는 법을 알려 주고, 다른 어떤 방법보다도 더욱 오랜 시간을 들여 신중하게 습관을 구축하도록 그리고 그 습관을 더 오래 유지하도록 도와줄 것이다.

그런 맥락에서 이 책을 최대한 활용하는 방법에 관해 마지막으로 전하고 싶은 이야기는 이것이다. 더 좋은 습관을 만드는 단 하나의 방법 같은 것은 없다. 그런 방법은 많다. 내가 제시하는 접근법은 어떻게 해야 한다고 지시하는 게 아니라 당신에게 힘을 실어 주는 것이다. 누군가에게 도움이 되는 습관이 다른 누군가에게는 해로울 수 있고, 어떤 습관 전략이 다른 사람에게는 잘 통하지만 당신에게는 별 쓸모가 없을 수 있다. 나는 당신에게 어떤 습관을 들여야 한다거나, 어떤 선택을 해야 한다고 말할 생각은 없다. 다만 아이디어와 전략을 알려 줌으로써 당신이 스스로 선택하고 당신이 하고 싶은 일들을 해낼 수 있도록 힘을 실어 주고자 한다.

이 워크북에 수많은 전략이 담겨 있는 이유도 이 때문이다. 이 책의 의도는 당신이 모든 전략을 활용해야 한다는 게 아니다. 책에 실린 훈련들을 절반가량 건너뛰어도 괜찮다. 다만 내가 바라는 건 당신이 골라 쓸 수 있는 선택지로 가득한 도구 상자를 갖췄다고 느끼는 것, 그중에서 당신에게 맞는 도구를 찾는 것이다. 당신은 당신에게 가장 효과가 있는 것들만 취하면 된다.

오늘이야말로 변화하기 가장 좋은 때다

당신에게 한 가지 지혜를 전한다면 무언가를 시도할 때는 자신의 삶에 맞춰 나아가야 한다는 것이다. 인생은 고정된 상태가 아니며 역동적으로 변화한다. 자신에게 무엇이 맞고 무엇이 맞지 않은지는 시간이 지나면 달라질 가능성이 크다. 우리는 계속해서 변화하고, 한때 효과가 좋았던 습관이나 전략이 더는 안 통하는 순간이 온다.

다른 도시로 이사하고, 연애를 시작하고, 새로운 일을 시작하고, 아이를 갖는 등 어떤 변화는 삶의 형태를 근본적으로 바꿔 놓고 이로써 과거의 습관들이 무의미해지기도 한다. 과거의 습관에 매이지 않길 바란다. 과거의 습관을 억지로 유지하는 데 에너지를 쓰기보다는 현재 당신 삶의 형태에 적합한 새로운 습관을 만드는 데 에너지를 써야 한다.

내가 가장 좋아하는 격언 중 하나는 "서두르지 말되 기다리지도 말라."다. 누구나 각자의 삶에서 이루고 싶은 일들이 있다. 하고 싶은 일이 있다면 하길 바란다. 당신이 바쁘다고 해서 죽음이 당신을 기다려 주진 않는다. 죽음은 잠시 멈췄다가 상황이 나아졌을 때에 찾아오는 그런 게 아니다. 완벽한 타이밍이란 없다. 현재의 순간을 받아들이고, 적응하려는 태도를 기르고, 작은 첫 발걸음을 내디뎌야 한다.

오늘이야말로 행동하기 가장 좋은 기회일 수 있다. 미룰수록 현재의 생활 방식이 깊이 뿌리내린다. 습관이 고착되고 신념이 굳어지며 몸과 마음이 안주하게 된다. 쉽지 않겠지만 그나마 지금 이 순간이 변화를 시작하기에 가장 쉬운 날일 것이다. 중요한 일을 미룬다는 건 더 나은 미래를 미루겠다는 의미다.

변화는 바로 이 페이지에서 시작된다. 자, 이제 시작해 보자.

제임스 클리어

2025년

Part 1

나를 포기하지 않는
습관 쌓는 법

당신이 멈추지만 않는다면
분명 놀라운 결과가 기다리고 있을 것이다

습관은 과학이다

변화를 실천하기에 앞서 행동의 근거가 되는 이론의 핵심 개념들을 잠시 살펴보자. 《아주 작은 습관의 힘》을 읽은 지 얼마 되지 않았다면 '내 삶을 최적화하기 위한 습관 점검'(41쪽)으로 곧장 넘어가도 되지만, 책을 읽은 지 좀 됐거나 다시 한번 복기하고 싶다면 처음부터 읽기를 바란다. 워크북에서 다룰 모든 내용의 근간이 되는 만큼 이 원칙들을 이해하는 것이 중요하다.

매일 1퍼센트씩 성장할 때 일어나는 일들

자기계발은 보통 큰 목표를 세우고 최대한 짧은 시간 내에 그 목표를 성취하기 위해 큰 도약을 감행하는 접근법을 따른다. 그리고 우리는 변화란 크고 가시적인 결과물이 도출되어야만 의미가 있다고 생각한다. 신체적으로 더 강해지는 목표든, 사업을 시작하거나 세계를 여행하는 등의 도전이든 우리는 주변 사람들을 놀라게 할, 거의 세상을 뒤흔드는 변화를 이뤄야 한다며 스스로를 압박하곤 한다.

이런 접근법이 이론상으로는 그럴듯하게 들릴지 모르지만 실제로는 번아웃과 좌절, 실패로 귀결될 때가 많다. 하지만 매일 1퍼센트씩 성장하는 것은 그리 눈에 띄지 않으며(알아차리기조차 어려울 때도 있지만) 장기적으로는 크고 대단한 목표를 이루는 것만큼이나 의미가 있을 수 있다.

> 성공은 일생일대의 변화가 아니라 매일의 습관이 만들어 낸 결과물이다.

매일 조금 더 나은 결정을 하는 일의 가치는 보통 폄하되기 쉽다. 기본에 충실하려는 태도는 그리 대단해 보이지 않기 때문이다. 지루함과 사랑에 빠지는 일은 그리 짜릿하지 않다. 1퍼센트씩 나아지는 일은 뉴스의 헤드라인을 장식하지 못한다. 다만 한 가지 알아야 할 것이 있다. 매일 1퍼센트씩 개선하는 방식이 효과가 있다는 점이다.

처음에는 1퍼센트 나은 선택을 하든 안 하든 별 차이가 없어 보인다(당장 오늘 대단한 영향을 미치지는 않는다). 하지만 시간이 지날수록 이 작은 개선들이 복리처럼 누적되고, 어느 순간에는 매일 조금씩 더 나은 결정을 한 사람들과 그렇지 않은 사람 사이에 대단한 격차가 벌어져 있다.

짧게 정리하면 매일 1퍼센트씩 성장할 경우 1년 뒤에는 37배 더 나아져 있다. 한 번의 엄청난 도약을 한다고 해도 기대하기 어려운 큰 결과치인데, 이를 하루의 작은 변화 하나로 이뤄 낼 수 있다는 소리다. 당시에는 작은 변화들이 큰 차이를 만들어 내지 못하는 것처럼 보여도 장기적으로 누적되다 보면 상당한 차이를 만들어 내는 이유도 이 때문이다.

하지만 한 가지 중요한 사실이 있다. 긍정적인 변화가 복리로 쌓이면 그 반대도 마

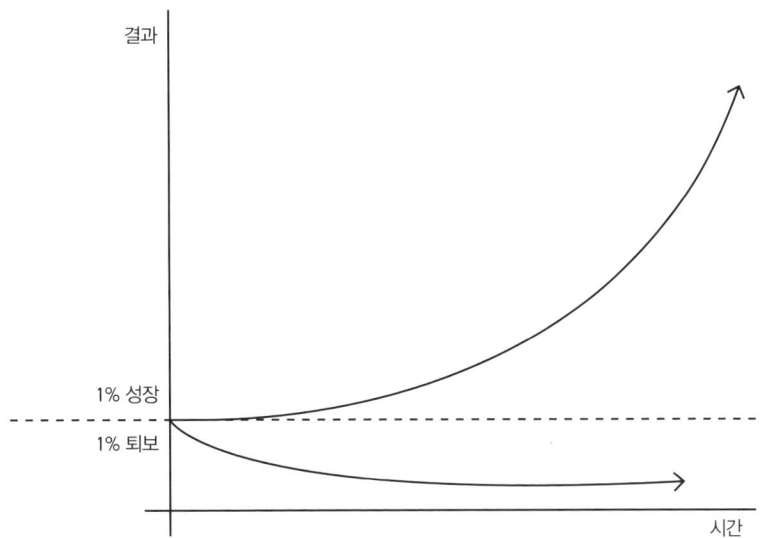

그림 1. 매일 1%씩 성장할 경우 일어나는 변화

1년간 1%씩 퇴보할 경우 $0.99^{365} = 00.03$
1년간 1%씩 성장할 경우 $1.01^{365} = 37.78$

찬가지라는 것이다. 매일 1퍼센트씩 퇴보하면 1년 뒤에는 변화의 폭이 거의 0에 수렴한다. 여기서 우리가 깨달아야 할 점은 시작은 작은 승리 또는 작은 뒷걸음질이지만 나중에 대단히 큰 결과로 이어진다는 것이다.

행동 변화에서 가장 중요한 핵심 개념이 지속적인 자기 개선인 것도 이 때문이다. 아주 작은 변화 하나가 모든 것을 바꿀 수 있다. 당신이 인생에서 결국 어디에 도달할지 알고 싶다면 작은 이득과 손실이 그려 낸 곡선을 따라가며 하루하루의 선택들이 10년, 20년 동안 어떻게 누적될 것인지 생각해 보면 된다.

그렇기에 지금 당장 당신의 성공 여부가 중요하지 않다. 당신을 성공 가도 위에 올려 줄 습관이 형성되어 있는지가 중요하다. 현재의 '결과'가 아니라 현재의 '궤적'

에 초점을 맞춰야 한다. 당신이 향하게 될 목적지를 더욱 명확히 알려 줄 지표 말이다. 큰 변화에 집착하지 말고 작은 변화에 집중하길 바란다. 그것이 당신이 바라는 삶을 만들어 가는 비결이다.

시간은 성공과 실패의 사이를 넓혀

그 안에 당신이 쏟아부은 것들을 배가시킨다.

좋은 습관은 시간을 당신의 아군으로 만들고

나쁜 습관은 시간을 당신의 적으로 만든다.

하룻밤 사이에 성공하는 사람은 아무도 없다

변화의 복리에서 중요한 사실은 기하급수적 성장이 우리가 이해하기 어려운 방식으로 일어날 수 있다는 점이다. 우리가 변화를 시도할 때 우리의 두뇌는 처음부터 끝까지 직선으로 상승하는 선형적 성장을 기대한다. 한 번의 대단한 변화를 감행하는 것이 매력적으로 느껴지는 것도 이 때문이다. 즉각적인 결과를 볼 수 있으니 말이다. 이런 식으로 변화를 만들어 간다면 초기에는 놀라운 기분을 경험할 수도 있다. 결국에는 번아웃이 되어 프로젝트를 포기하는 결말에 이르기 전까지는 말이다.

> 변화가 한 번에 갑자기 일어나기까지 수년이 걸릴 수도 있다. 숙달에는 인내가 필요하다.

하지만 하루에 1퍼센트씩 성장한다면 그 반대의 과정이 펼쳐진다. 초기에는 변화가 너무도 작아 효과를 확인하기까지는 상당한 시간이 걸린다. 때로는 결과가 기대한 바에 미치지 못하는, 내가 '낙담의 골짜기'라고 부르는 단계에 빠지기도 한다. 몇 주 또는 몇 달 동안 1퍼센트의 개선을 이어 왔지만 별 성과가 없는 것처럼 느껴져 실망하거나 포기할 수도 있다.

하지만 아직 개선이 보이지 않는다고 해서 개선이 되지 않고 있다는 의미는 아니다. 아직 가시성의 문턱을 넘지 못한 것뿐이다. 이 문턱을 나는 '잠재력 잠복기'라고 부르는데, 바로 결과와 기대치가 마침내 일치하고 변화가 눈에 보이기 시작하는 지점이다.

좋은 소식은 이 정체기를 넘어서면 갑자기 단숨에 거대한 변화가 일어나는 경험을 할 수도 있다는 것이다. 당신이 쏟은 노력이 마침내 결실을 이루고 나아가 기대를 훌쩍 뛰어넘는 결과물을 맞이할 수도 있다.

그림 2. 잠재력 잠복기를 돌파하기까지 발전의 양상

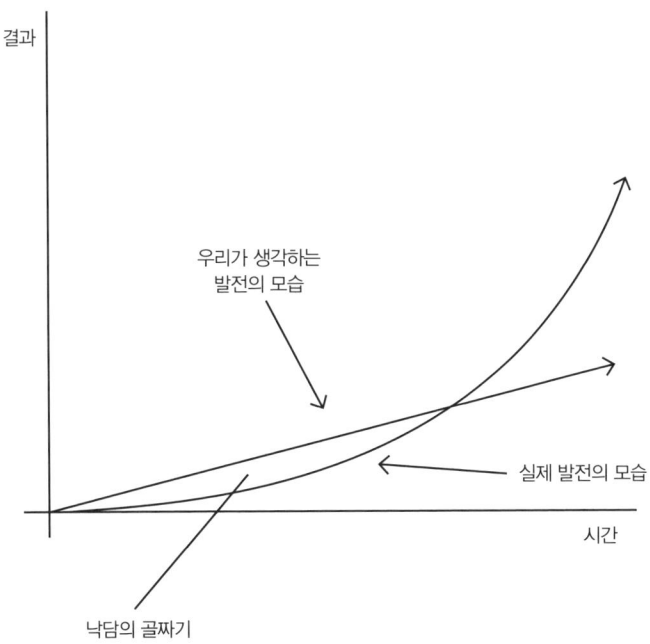

꾸준히 나아가는 여정을 시작한다면 당장은 변화가 눈에 보이지 않아도 조금씩 일어나고 있음을 기억하자. 결과라는 결실을 거둘 때까지 충분히, 오래 해야 한다. 인내심을 갖고 잠복기를 무사히 건너도록 스스로를 다독이자.

잠재력 잠복기를 마침내 돌파했을 때
사람들은 하룻밤 사이에 성공했다고 한다.
그전의 과정이 아닌 눈에 띄는 가장 극적인 사건만을 보기 때문이다.
하지만 지금의 도약은 오래전, 아무런 진전도 없어 보이던 시절에
당신이 쏟은 노력이 있었기에 가능했음을 당신은 알고 있다.

일찍 일어나는 새에게는 시스템이 있다

습관을 바꾸려 할 때 우리가 저지르는 또 다른 실수는 바로 목표를 세우고 이를 달성하겠다는 태도로 접근하는 것이다. 학교나 회사 같은 조직뿐 아니라 헬스장 같은 곳에서도 이 전략을 소리 높여 외친다. 성공하고 싶다면 구체적이고도 실천 가능한 목표들을 세우고 여기에만 집중하라는 것이다.

문제는 이런 접근법이 효과가 없다는 것이다. 왜일까? 결과는 목표와 거의 관계가 없기 때문이다. 사실 모든 것은 시스템에 달려 있다.

목표는 달성하고자 하는 결과이며 시스템은 그 결과로 이끄는 과정이다. 오직 최종 목표에만 집중하면서 그곳에 '어떻게' 이를 것인지는 신경 쓰지 않는다면 성공을 거머쥐기 어렵다.

> 단 한 번 승리하려는 사람에게는 목표가 필요하다. 하지만 계속해서 승리하려는 사람에게는 시스템이 필요하다.

그렇다면 목표는 쓸모가 없다는 소리일까? 그렇지 않다! 목표는 방향을 설정해 주는 역할을 한다. 그리고 시스템은 실제로 진전을 이루게 해준다. 따라서 지금까지의 시스템으로는 새로운 목표를 달성할 수 없다. 매번 똑같은 시스템은 당신을 똑같은 목표로 데려갈 뿐이다. 새로운 목표에 도달하고 싶다면 새로운 시스템을 설계해야 한다. 목표를 높이지 마라. 시스템을 낮춰라.

습관을 바꾸는 데 어려움을 겪고 있다면 문제는 당신 자신이나 동기가 부족하기 때문이 아니다. 문제는 당신이 사용하는 시스템이다. 나쁜 습관이 계속해서 반복되는 이유는 당신이 변하고 싶지 않아서가 아니라 변화를 위한 시스템이 틀렸기 때문이다. 시스템을 바꾸면 삶이 바뀐다.

결과물이 아닌 과정을 사랑하게 되면

아직은 때가 아니라며 행복을 미루지 않는다.

과정에서 당신은 언제든지 행복을 느낄 수 있다.

습관은 결국 나라는 정체성을 쌓는 일

목표, 즉 결과에만 집중하면 변화를 시도하는 과정이 대단히 어려워진다. 그 이유는 두 가지다. 첫째, (앞서도 살펴봤지만) 목표에 이르는 과정이 없기 때문이다. 둘째, 우리의 심리가 작동하는 방식을 고려하지 않았기 때문이다.

우리의 행동은 가치나 신념, 자아상과 같은 우리 내면의 가장 깊은 곳에 자리한 정체성이 외부로 표출된 것이다. 예를 들어 자기 자신을 러너라고 여기는 사람은 실제로 꾸준히 러닝을 하고 있을 것이다. 자신을 뮤지션이라고 여기는 사람은 실제로 악기 연습에 많은 시간을 들이고 있을 것이다. 자신이 자발적으로 행동하는 사람이라고 여긴다면 실제로 삶에서 만나는 여러 선택지를 적극적으로 탐색하고 판단해서 결정을 내릴 것이다.

> 결과가 아닌 정체성에 초점을 맞춰라. 당신은 당신이 이루려는 바를 이룬 사람이 되어야 한다.

우리는 우리가 어떤 사람이라고 스스로 규정할 때 그 정체성과 일치하는 행동을 하기 쉽다. 어떤 노력이 아니라 그저 나다운 행동이라고 느끼기 때문이다. 반대로 자신의 정체성과 일치하지 않는 행동들은 어렵고 노력을 쏟아야 하는 일처럼 느껴진다. 쇼핑을 좋아하는 사람으로 자신을 규정하면서도 돈을 모아야 한다거나, 자신을 흡연자로 규정하면서 흡연 제안을 거절하는 것처럼 말이다. 이런 행동이 힘들게 느껴지는 이유는 나 자신의 본모습에서 우러나오는 행동이 아니라 억지로 노력하는 일처럼 느껴지기 때문이다. 좋은 습관이 이성적으로는 타당하다는 것을 알아도 자신의 정체성과 충돌한다면 실천으로 이어지지 않는다.

지속될 수 있는 습관을 만들 때 새로운 정체성을 구축해야 하는 것도 이 때문이다.

현재의 행동은 현재 당신의 정체성을 비추는 거울이다. 진정한 행동 변화는 정체성 변화에서 시작된다. 어떤 동기로 새로운 습관을 시작해 볼 수는 있지만 그 습관이 당신 정체성의 일부가 되어야만 지속할 수 있다. 행동을 영구히 바꾸려면 스스로에 대한 새로운 믿음을 갖기 시작해야 한다.

자신을 손톱을 물어뜯는 사람으로 여긴다면 손톱을 물어뜯지 않기가 힘들 뿐 아니라 그런 노력이 자신의 본질과 어긋난다고 느낄 것이다. 하지만 자신이 손톱을 깨물지 않는 사람이라고 생각하기 시작하면 행동의 변화가 그리 어렵게 느껴지지 않을 것이다.

정체성과 행동은 피드백 순환 고리로 묶여 있다. 정체성과 목표를 일치시킬수록('나는 손톱을 물어뜯는 사람이 아니라 손을 가꾸는 사람이야') 목표에 이르는 행동을 할 가능성이 커진다. 동시에 어떤 정체성에 부합하는 습관을 자주 실천할수록 정체성은 당신의 내면에 더욱 깊이 각인된다.

그렇다면 이런 시스템을 어떻게 행동으로 옮길 수 있을까? 다음의 두 단계를 따르면 된다.

1. 어떤 사람이 되고 싶은지 결정하라.
2. 작은 성공들로 스스로를 증명하라.

자신이 어떤 사람이 되고 싶은지 결정한 뒤, 그 사람이 어떤 행동을 할지 역으로 되짚어 생각해 보자. 그런 다음 그 행동들을 실천하면 된다. 그러면 당신이 하는 모든 행동은 당신이 되고자 하는 사람에게 다가가는 한 걸음이 된다. 당신이 되고자 하는 정체성에 어울리게 행동할수록 당신은 그 정체성에 더욱 가까워지고, 그렇게 행동하기가 더 쉬워진다. 관성에 따라 점점 더 쉽게 돌아가는 플라이휠(회전 기계 장치)과 같은 원리다.

이것이 바로 습관이 중요한 진짜 이유다. 습관은 당신이 바라는 무언가를 이루게 해주는 것이 아니라 당신이 원하는 사람으로 변하게 해준다. 따라서 '무엇'을 하고 싶은지가 아니라 '어떤 사람'이 되고 싶은지에 초점을 맞춰야 한다. 이것이 당신이 꿈꾸는 삶을 이룰 가장 확실한 방법이다.

습관을 형성하는 과정은
사실 자기 자신을 만들어 가는 과정이다.

습관이 뇌에 새겨지는 네 가지 원리

습관은 뇌에 입력된 피드백 순환 고리로 자동화된 행동이다. 살면서 새로운 문제를 맞닥뜨릴 때마다 두뇌는 해결책을 찾으려 한다. 어떤 해결책을 시도했는데 효과가 없으면 뇌는 이를 실패로 여기고 아무것도 기록하지 않는다. 하지만 어떤 해결책이 긍정적인 보상으로 이어지면 뇌는 그 결과로 이어진 행동을 기록한다. 그리고 다음에 같은 문제에 직면하면 뇌는 전에 효과가 있었던 해결책을 시도하고 역시 보상으로 이어지면 그 해결책을 더욱 강화한다. 다음에 또 같은 문제를 맞닥뜨리면 자동으로 적용할 수 있도록 뇌에 새기는 것이다. 이것이 습관이다. 주기적으로 문제를 마주하고 스트레스를 해소하는 과정에서 일련의 자동화된 해결책이라 할 수 있다.

이렇듯 자동화라는 성질 때문에 한번 습관이 형성되고 나면 우리는 별생각 없이 그 행동을 수행하고, 이 지점에서 습관은 대단한 힘을 발휘한다. 즉 그 행동을 의식할 때 소비되는 두뇌의 소중하고도 한정된 에너지를 거의 사용하지 않고 자동으로 행동한다는 의미다. 습관은 행동할 때 드는 에너지와 인지 부하를 줄여 다른 일에 쓸 수 있는 정신적 역량을 확보한다. 따라서 지금 자신에게 필요한 습관을 만들어 두면 미래에 하고 싶은 일을 더욱 많이 할 수 있다. 하지만 한번 만들어지면 깨기가 매우 어렵다는 단점도 있다.

그렇다면 습관을 어떻게 만들고 어떻게 깰 수 있을까?

습관을 만드는 과정은 네 단계로 나눌 수 있다. 바로 신호, 열망, 반응, 보상이다. 이 네 단계의 패턴은 모든 습관의 중추로, 우리의 뇌는 항상 같은 순서로 이 단계들을 수행한다.

그림 3. 습관 순환의 고리를 이루는 네 단계

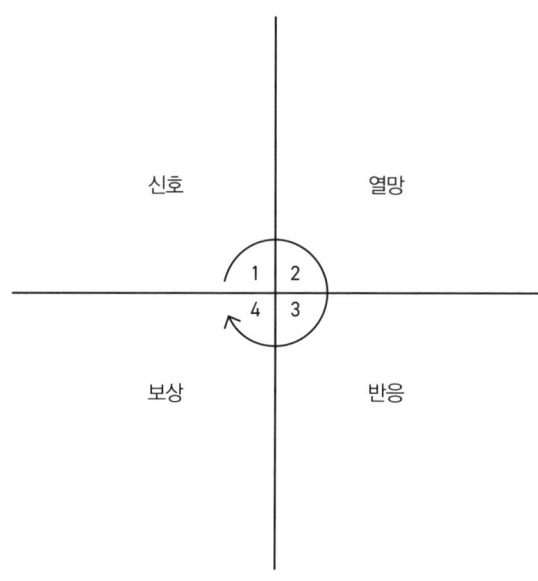

신호: 행동을 유발하는 촉매제. 보상이 가까이 있을 수도 있다는 정보 조각이 포함되어 있다.

열망: 모든 습관을 움직이는 동기적 힘. 변화하고자 하는 내면의 욕구이자 주변에서 포착된 단순한 청각적, 시각적 신호를 해결해야 할 문제로 전환하는 정신의 작용이다.

반응: 우리가 수행하는 실제 습관으로, 생각일 수도 있고 행동일 수도 있다. 반응은 어떤 문제에 대한 진짜 해결책인 셈이다.

보상: 모든 습관의 최종 목표이자 애초에 어떤 행동을 실천함으로써 얻고자 했던 대상이다.

옆의 그림에서 보듯이 보상은 습관을 통해 얻고자 했던 목표다. 이를 네 단계와 연결 지어 말하면 신호란 보상을 알아차리는 것이다. 그리고 열망은 보상을 원하는 것이며 반응은 보상을 얻는 것이다. 보상은 만족감이자 어떤 행동이 보상으로 이어진다는 사실을 우리에게 학습시키는 기제다. 이 네 단계가 신경학적 피드백 순환 고리를 형성해 자동적 습관을 만들어 낸다. 이 사이클이 습관 순환이다.

당신이 매일 반복하는 습관을 몇 가지 추려(좋은 습관 몇 개, 나쁜 습관 몇 개) 각 습관의 신호, 열망, 반응, 보상을 생각해 보자. 습관은 자동적이기 때문에 이 네 가지 요소를 식별하기가 생각만큼 쉽지 않을 것이다. 하지만 이를 식별하고 습관의 원리를 이해하면 현재의 습관을 끊고 새롭고 강력한 습관을 만들기가 전보다 훨씬 수월해질 것이다.

습관: _____

신호	열망
1	2
4	3
보상	반응

습관: _____

신호	열망
1	2
4	3
보상	반응

습관: _____

신호	열망
1	2
4	3
보상	반응

습관: _____

신호	열망
1	2
4	3
보상	반응

당신의 행동을 바꿀 네 가지 법칙

습관의 고리는 습관을 이해하는 데는 도움이 되지만 습관을 만들고 끊는 방법까지는 알려 주지 않는다. 이제는 '행동 변화의 네 가지 법칙'이 필요하다. 이 법칙은 습관 형성의 네 단계를, 좋은 습관을 만들고 나쁜 습관을 끊는 단순한 규칙 세트로 전환한 것이다. 이 행동 변화 법칙으로 당신은 좋은 습관을 만드는 법을 배우고, 반대로 나쁜 습관을 없애는 방법도 배울 수 있다.

각 법칙은 좋은 습관을 만들고자 하는 우리의 행동에 영향을 미치는 레버와도 같다. 레버가 올바른 위치에 있다면 좋은 습관을 만드는 일이 수월해진다. 하지만 레버가 잘못된 위치에 있다면 좋은 습관을 만들기가 거의 불가능하다. 습관을 만들고 끊는 행동 변화의 네 가지 법칙은 다음과 같다.

습관의 고리	행동 변화의 네 가지 법칙	
	좋은 습관을 만드는 법	나쁜 습관을 끊는 법
1. 신호	첫 번째 법칙: 분명하게 만들어라	첫 번째 역법칙: 보이지 않게 만들어라
2. 열망	두 번째 법칙: 매력적으로 만들어라	두 번째 역법칙: 매력적이지 않게 만들어라
3. 반응	세 번째 법칙: 하기 쉽게 만들어라	세 번째 역법칙: 하기 어렵게 만들어라
4. 보상	네 번째 법칙: 만족스럽게 만들어라	네 번째 역법칙: 불만족스럽게 만들어라

이 네 가지 법칙은 지금까지 우리가 살펴본 습관 이론을 현실에서 활용할 수 있는 방법으로 전환한 것이다. 뒤에 습관을 평가하는 페이지를 제외하고 이 책은 네 가지 법칙에 초점을 맞출 것이다. 각 법칙을 상세하게 설명하고 좋은 습관을 만들고 나쁜 습관을 끊는 방법을 훈련하는 방향으로 내용이 전개될 것이다.

내 삶을 최적화하기 위한
습관 점검

우리에겐 올바른 지도가 필요하다

습관을 바꾸기 전에 평가부터 해보자. 습관 평가가 대단히 즐거운 과정이 아니라는 건 나도 잘 안다. 변화를 향한 의욕이 마구 샘솟을 때는 곧장 행동부터 하고 싶어지기 마련이다. 새로운 모닝 루틴을 시작하고, 명상 앱을 다운받고, 헬스장 회원권을 끊고 싶을 것이다. 하지만 무엇을 변화시켜야 하는지 이해하지 못하면 변화한다 해도 아무런 소용이 없다.

평가는 두 가지 근본적인 사안을 점검하는 데 꼭 필요하다. 그 두 가지는 지금 당신은 올바른 문제를 풀고 있는가, 그리고 올바른 방식으로 풀고 있는가다. 잘못된 행동을 최적화하느라, 당신이 바라는 삶과 일치하지 않는 목표를 좇느라 몇 달이나 애쓰고 노력하는 헛수고를 하고 있는가? 평가하지 않으면 가정과 가설에 기대게 되는데, 이런 가정들은 틀릴 때가 많다.

이 섹션에서는 헛수고의 패턴에 빠지지 않도록 인식하는 것부터 시작한다. 평가하면 상황이 명료해진다. 당신의 일상을 지배하는 숨은 패턴이 드러나고, 지금껏 당신을 가로막았던 잘못된 가정들이 밝혀지며, 평가하지 않았다면 놓칠 뻔한 기회를 펼쳐 보여 준다. 무엇보다 산을 오르기로 한 당신이 올바른 산을 향해 가고 있는지를 명확히 알려 준다.

이를 효과적으로 행하기 위해 나는 내가 'ABZ'라고 부르는 프레임워크를 활용할 것이다. A는 당신의 짐작이나 바람이 아닌 당신의 현실이 어떤지를 정확하게 평가한다는 의미다. Z는 당신이 도달하고 싶은 목적지(당신이 어떤 사람이 되고 싶고 어떤 삶을 살고 싶은지)를 의미한다. B부터 Y는 A에서 Z에 이르기까지 필요한 단계들을 뜻한다. 여기에는 중요한 한 가지 통찰이 숨어 있다. 대부분 사람은 A에서 출발해 Z에 이르려면 B부터 Y까지 모든 단계를 전부 계획해야 한다고 생각한다. 하지만 그렇지 않다. 우리는 B만 파악하면 된다. Z에 이르는 길은 B를 연속적으로 반복하는 여정일 뿐이다.

이 섹션에서는 A와 Z, 즉 어떤 판단도 없이 당신의 현실을 평가하고 당신이 가고자 하는 목적지를 결정하는 것부터 시작할 것이다. 이를 마칠 즈음이면 B(다음에 취해야 할 올바른 단계)를 정의할 수 있다. 바로 그 단계가 이 워크북의 나머지 페이지에서 우리가 훈련할 부분이다. 섹션마다 각 요소를 탐색하는 여러 전략이 제공되는데, 그중 당신의 마음에 가닿는 몇 가지 전략이 있기를 바란다. 혹여 그런 전략을 하나도 찾지 못했다 해도 걱정할 필요는 없다. 가장 유용할 것이라 여겨지는 전략에 집중하면 된다. Z에 이르기까지 해야 할 일은 B를 되풀이하는 것임을 명심하라. 작은 걸음을 한 발 떼고, 다시 한 발, 두 발 떼면 된다. 이것이 산을 오르는 방법이자 삶을 변화시키는 방법이다.

지금의 나 자신을 있는 그대로 바라보기

성공은 달성해야 할 목표도, 통과해야 할 결승선도 아니다.

개선을 위한 시스템이자 끝없이 다듬어 나가는 과정이다.

ABZ 프레임워크로 현재의 삶 진단하기

현재 당신의 개인적 삶과 직업적 삶에 대한 만족도는 어떤가? 그렇게 평가하는 이유는 무엇인가?

개인적 삶

1 2 3 4 5

이유는?

_____
_____
_____
_____
_____

직업적 삶

1 2 3 4 5

이유는?

_____
_____
_____
_____
_____

현재 당신에게 가장 중요한 것 세 가지는 무엇인가?

1. _____
   _____
   _____

2. _____
   _____
   _____

3. _____
   _____
   _____

현재 당신이 철저하게 우선순위로 삼고자 하는 일은 무엇인가?

_____
_____
_____
_____
_____

현재 당신이 하고 있는 중요한 프로젝트들은 무엇인가? 그 프로젝트들은 어떻게 진행되고 있는가?

프로젝트	진행 상황

지금 당신의 삶에서 반드시 책임지고 해야 할 일은 무엇인가?

-
-
-
-
-

현재 당신의 삶에서 잘 진행되고 있는 것과 그렇지 않은 것은 무엇인가?

잘 진행되고 있는 것	잘 진행되지 않는 것

계속해서 당신을 가로막는 걸림돌은 무엇인가? 이를 어떻게 극복할 생각인가?

당신의 삶에서 바꾸고 싶은 중요한 일들은 무엇인가? 그 이유는 무엇인가?

당신의 시간과 에너지는 한정적이다

하루의 모든 시간이 똑같은 잠재력을 지닌다고 생각할 때가 많다. 하루에 16시간 깨어 있다면 자신이 해내고 싶은 일에 이 16시간을 온전히 쓸 수 있다고 말이다. 하지만 이는 사실이 아니다. 기본적인 욕구를 돌보고, 일상 속 책임을 다하고, 어떤 활동들 사이사이에 지체되는 시간까지 모두 제하고 나면 남는 시간은 아주 적다. 게다가 우리의 에너지와 집중력을 최상으로 발휘할 수 있는 시간이 극히 짧다는 사실을 생각하면 우리에게 주어진 시간이 너무나도 짧은 걸 알 수 있다.

실로 우리가 온전히 사용할 수 있는 양질의 시간은 하루에 2~6시간밖에 되지 않는다. 따라서 자기 자신에게 에너지와 집중력을 최상으로 발휘할 수 있는 최적의 시간이 언제인지 파악해야 시간을 현명하게 쓸 수 있다. 이는 특히 습관과 관련해서는 더욱 중요하다. 자신의 시간과 에너지 수준을 고려해 습관을 형성한다면 성공의 기반이 마련된다. 시간과 에너지를 고려하지 않는다면 실패의 공식을 쓰는 셈이다.

따라서 시간을 최적화한다는 건 하루에 얼마나 더 많은 시간을 활용할 수 있는가가 아니라 주어진 시간을 어떻게 최대한 활용하는가를 의미한다.

먼저 시간과 에너지를 점검하는 일부터 시작해 보자. 앞으로 일주일 동안 당신이 깨어 있는 시간에 무엇을 했는지 시간별로 기록한다. 한쪽에는 한 단어로(예를 들면 '요리'라고) 적고 그 옆에 당시의 에너지 정도를 화살표로(↑, ―, ↓) 적어 넣는다.

시간	월	화	수	목	금	토	일
4 a.m.							
5 a.m.							
6 a.m.							
7 a.m.							
8 a.m.							
9 a.m.							
10 a.m.							
11 a.m.							
12 p.m.							
1 p.m.							
2 p.m.							
3 p.m.							

이렇게 하면 당신에게 최적의 시간이 언제인지 파악할 수 있다. 한 가지 주의할 점은 사실대로 기록해야 한다는 것이다. 시간을 생산적으로 보낸 것처럼 보이려고 애쓰지 않길 바란다. 정확성이 핵심이다.

시간	월	화	수	목	금	토	일
4 p.m.							
5 p.m.							
6 p.m.							
7 p.m.							
8 p.m.							
9 p.m.							
10 p.m.							
11 p.m.							
12 a.m.							
1 a.m.							
2 a.m.							
3 a.m.							

앞의 표를 보고 어떤 패턴이 있는지 살펴보자. 현재 당신은 주로 무엇을 하며 시간을 보내는가?

- _____
- _____
- _____
- _____
- _____

하루에 높은 에너지를 발휘할 수 있는 양질의 시간은 몇 시간인가? 그때는 언제인가?

_____
_____
_____
_____
_____

이 최적의 시간에는 무엇을 하며 보내는가?

_____
_____
_____
_____
_____

하루에 에너지가 가장 떨어지는 시간대는 언제인가?

___

최적의 시간과 자투리 시간을 어떻게 보내고 싶은가?

최적의 시간	자투리 시간

이제 큰 그림을 생각해 볼 차례다. 당신의 집중력이나 시간을 더 소비하게 되는 일은 무엇인가?

___

요즘 당신에게 스트레스를 가장 크게 불러오거나 정신 에너지를 가장 크게 앗아가는 요인은 무엇인가?

___

변화는 어렵다. 한 번에 너무 많은 변화를 시도하는 건 번아웃으로 가는 지름길이다. 습관을 바꾸는 여정에 앞서, 이미 시작했거나 시작될 것으로 예상되는 중요한 변화나 전환이 있는가? 있다면 어떤 변화인지 적어 보자. 이를 파악한다면 여기에 어떤 습관을 더하거나 뺄지 판단하는 데 도움이 된다.

과거 습관 점검하기

미래를 위한 습관을 구상할 때 가장 강력한 도구 중 하나는 과거의 실적이다. 무엇이 성과가 있었고 무엇이 그렇지 않았는지는 미래의 계획을 세우는 데 대단히 유용한 데이터가 된다.

먼저 지금껏 당신의 삶에서 혹은 현재의 습관 중에서 가장 유익했던 습관이 무엇이었는지 생각해 보자. 아래에 그 습관들을 적어 보고, 해당 습관의 어떤 점이 당신에게 긍정적인 영향을 미쳤는지도 함께 기록해 보자.

습관	이 습관이 긍정적인 이유

이제 과거 또는 현재의 습관 가운데 가장 꾸준히 지켜 온 습관이 무엇인지 생각해 보자. 아래에 그 습관들을 적어 보고 어떤 점 때문에 그 습관이 당신의 삶에 깊이 자리 잡을 수 있었는지 이유를 함께 기록해 보자.

습관	이 습관을 지속할 수 있었던 이유

과거의 데이터를 살펴보며 습관의 어떤 점들이 당신에게 긍정적인 영향을 미쳤고 오래 지속될 수 있었는지 생각해 보자. 어떤 패턴이 보이는가? 그 패턴을 보며 무언가 깨달은 점이 있는가?

_____
_____
_____
_____
_____
_____

이제 어떤 습관을 만들거나 끊으려 시도했던 일을 생각해 보자. 행동을 바꾸려 최근 노력한 일 또는 상당히 의미 있는 노력을 했던 일 가운데 성공적이었던 경험을 아래에 적어 보자. 습관 만들기와 습관 깨기 둘 다 몇 가지씩 생각해 보자. 해당 습관을 만들거나 끊는 데 무엇이 효과가 있었는지도 함께 기록해 보자.

습관	만들기/끊기	성공할 수 있었던 이유

Part 1 • 나를 포기하지 않는 습관 쌓는 법

이번에는 행동 변화에 성공하지 못했던 때를 생각해 보자. 왜 성공하지 못했는지, 내적 요인 때문이었는지 아니면 외적 요인 때문이었는지도 적어 보자.

습관	만들기/끊기	성공하지 못한 이유	내적/외적 요인

과거의 데이터를 살펴보며 행동 변화에 성공할 수 있었던 요인 또는 성공하지 못했던 요인을 생각해 보자. 어떤 패턴이 보이는가? 그 패턴을 보며 무언가 깨달은 점이 있는가?

현재 습관 점검하기

이제 당신의 습관 지형도가 어떻게 형성되어 있는지 자세히 살펴볼 차례다. 매일 자신이 어떤 행동을 하는지 잘 알고 있다고 생각할 수도 있지만, 실제로는 습관의 특성이 자동성인 만큼 자신에게 어떤 습관이 있는지 잘 파악하지 못한다. 습관의 가시성을 높이는 가장 강력한 도구 중 하나이자 지극히 단순한 도구는 바로 습관 점수표다.

다음 페이지에 점수표 세 개가 마련되어 있다. 아침 루틴용과 저녁 루틴용, 나머지 하나는 당신에게 의미 있는 루틴을 하는 다른 시간대를 위한 것이다. 점수표의 첫 번째 칸에는 실제로 루틴을 수행하는 동안 작성하고, 그때 어떤 행동을 하는지 모두 기록한다.

그런 후 해당 습관이 장기적으로 당신에게 도움이 되는지 아닌지에 따라 긍정(+), 중립(=), 부정(−)으로 표시한다. 그런 뒤 그렇게 진단한 이유를 적는다. 습관 점수표의 목적은 평가가 아니라 당신이 하는 행동에 대한 인식을 높이는 데 있다는 점을 명심하길 바란다.

아침 습관 점수표

습관	점수(+ / = / −)	이유

깨달은 바가 있는가? 없애거나 바꾸고 싶은 습관이 있는가? 더하고 싶은 게 있는가?

저녁 습관 점수표

습관	점수(+ / = / −)	이유

깨달은 바가 있는가? 없애거나 바꾸고 싶은 습관이 있는가? 더하고 싶은 게 있는가?

_____

_____

_____

_____

추가 습관 점수표

보통 아침과 저녁 시간에 루틴을 만든 사람들이 대부분이지만 이 외에도 하루 또는 한 주의 특정한 시간대에 루틴에 따라 움직이는 경우가 많다. 아침저녁 루틴 외에 점검해 봐야 할 다른 시간대 루틴이 있는가? 퇴근하고 집에 온 직후라거나 다가오는 한 주를 준비하는 일요일 오후처럼 말이다. 그렇다면 아래의 점수표에 해당 루틴을 적고 점수를 매겨 보자.

시간대: _____

습관	점수(+/=/−)	이유

깨달은 바가 있는가? 없애거나 바꾸고 싶은 습관이 있는가? 더하고 싶은 게 있는가?

더 깊이 생각해 보기

행동 변화를 위해 과거에 노력했던 일들을 적은 답변들을 한번 살펴보자. 어떤 패턴이 보이는가? 현재 당신이 서 있는 출발점을 점검하고 주요 사안을 요약해 보자. 이제부터 변화를 시작하기에 앞서 무엇이 당신에게 효과가 있었고 또 효과가 없었는지, 어떤 조건들을 고려해야 하는지 적어 보자.

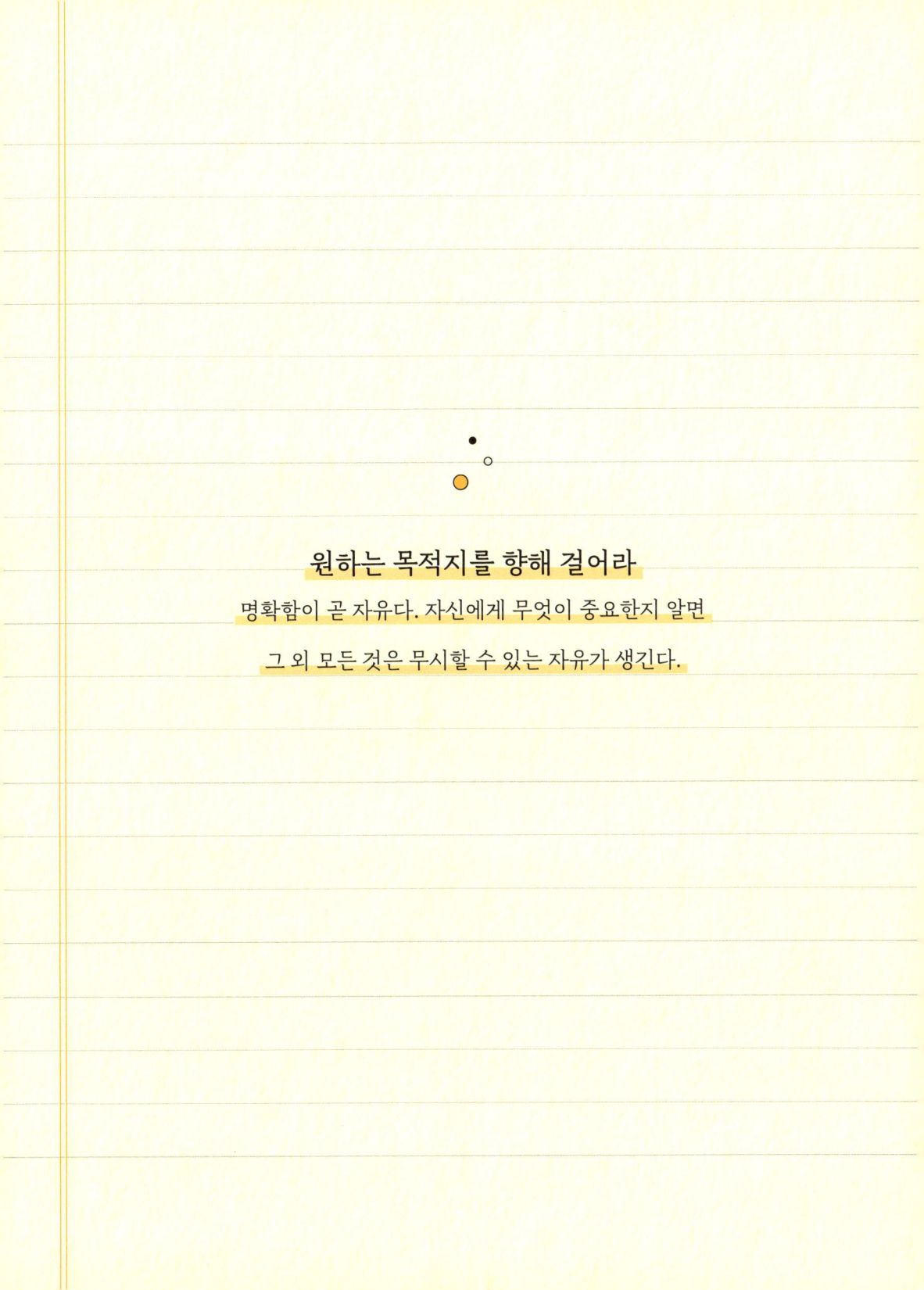

원하는 목적지를 향해 걸어라

명확함이 곧 자유다. 자신에게 무엇이 중요한지 알면

그 외 모든 것은 무시할 수 있는 자유가 생긴다.

백지에서 시작하라

자신이 도달하고 싶은 목적지를 그릴 때 사람들은 현재의 삶과 책무를 전제로 삼고 그 위에 계획을 세우려 한다. 문제는 시간이 유한한 자원이라는 것이다. 자신의 책임과 의무를 검토해 보지 않는다면 큰 변화를, 자신에게 정말 필요할지도 모를 변화를 감행할 여유는 영영 생기지 않을수도 있다.

그렇다면 반대로 해보면 어떨까? 이번 훈련에서는 완벽히 백지로 비워 내는 것이다. 현재의 책임과 의무들에서 벗어나 원점에서 시작하는 것이다. 만약 삶을 처음부터 다시 설계할 수 있다면 어떤 삶을 살고 싶은가? 이 훈련의 목표는 현실에서 벗어나는 게 아니라 현재의 의무와 책임에 갇히지 않고 자신이 원하는 삶을 상상해 보는 데 있다. 이 발상의 단계부터 자신을 제한하면 자신이 진정으로 무엇을 원하는지 깨닫기가 어렵다.

먼저 책임과 의무에는 어떤 것들이 있을까? 현재의 삶에서 이미 맡은 책무와 당신이 맡고 싶은 책무 모두를 자유롭게 적되 정말 원하는 일들만 포함시키길 바란다.

- _____
- _____
- _____
- _____
- _____
- _____
- _____

그다음으로 맡고 싶지 않은 책임과 의무에는 무엇이 있을까? 자신의 시간을 쓰고 싶은 일보다 쓰고 싶지 않은 일에 대해 생각해 보는 것이 더욱 중요할 수 있다.

-
-
-
-
-
-
-
-
-
-
-
-
-
-
-
-

> '노'라고 말할 때는 단 하나의 선택지를 거절하는 것이다. 하지만 '예스'라고 말할 때는 그 외 모든 선택지에 '노'라고 말하는 것이 된다. '노'는 결정이다. '예스'는 책임이다. 아무것에나(그리고 아무 사람에게나) '예스'라고 말해서는 안 된다. 당신이 어떤 대상에, 어떤 사람에게 예스를 말하는지가 당신의 하루, 커리어, 가족, 인생을 형성한다.

이제 시간을 어떻게 쓰고 싶은지 생각해 보자. 당신이 이상적으로 생각하는 하루를 아래에 적어 보자. 무엇을 하며 보내겠는가? 시간을 어떻게 활용하겠는가? 앞서 시간과 에너지 점검 훈련을 하며 어떤 점을 깨달았는지 떠올려 보면 도움이 될 수 있다.

아침	
점심	
저녁	

바로 앞 페이지에 적은 답변을 바탕으로 이번 훈련을 하며 무엇을 느꼈는지 생각해보자. 자신의 삶을 무엇으로 채우고 싶은지 깨달았는가? 자신의 삶을 무엇으로 채우고 싶지 않은지도 깨달았는가?

당신의 이상적인 미래

꿈을 크게 갖길 바란다. 미래를 그릴 때 당신이 이루고 싶은 주요 목표들로 무엇이 떠오르는가?

- _____
- _____
- _____
- _____
- _____
- _____

목표라고 하면 미래의 막연한 어느 시점에 성취할 일로 접근할 때가 많다. 하지만 구체적인 타임라인을 정하면 생각을 명확하게 정리하는 데 도움이 된다. 당신의 삶이 어떤 모습이길 바라는가?

6개월 후	2년 후	10년 후

목표 설정과 행동 변화 모두 무언가 달라지는 데 관한 일이므로 당신의 삶에서 어떤 변화가 일어나길 바라는지 생각해야 한다. 당신이 바라는 중요한 변화는 무엇인가?

- _____
- _____
- _____
- _____
- _____
- _____
- _____

성공이란 말을 흔히 입에 올리지만 사람에 따라 그 의미가 상당히 달라지기도 한다. 성공이 당신에게 어떤 의미인지를 깨달아야 성공에 이를 수 있다. 당신에게 성공은 어떤 의미인가?

_____
_____
_____
_____
_____
_____
_____
_____

목표를 설정할 때 자연스럽게 커리어나 재정적인 목표를 떠올리기 쉽지만 그 외에도 삶에서 고려해야 할 측면이 많다. 당신의 삶 여러 영역이 각각 어떤 모습이길 바라는지 비전을 아래에 적어 보자. 이 모든 영역이 똑같이 중요할 수는 없지만 그래도 상관없다.

정신 건강	신체적 웰빙	커리어
관계 및 사회적 연결	학습	재정적 안정과 자유
오락 및 여가	창의성	공동체에의 기여
영성	가족	당신이 남기고 싶은 유산

당신의 이상적인 정체성

자신이 도달하고자 하는 목적지 Z를 파악하는 또 다른 방법은 정체성 중심의 습관을 활용하는 것이다. 자신을 위한 목표를 세우고 이상적인 미래를 세우기 전에 먼저 나 자신을 이성적으로 생각해 보자. 당신은 어떤 사람이 되고 싶은가?

1. 다이어그램의 중앙에는 당신이 어떤 정체성으로 삶을 살아가고 싶은지 적는다. 이미 자신과 부합한다고 느끼는 정체성도 좋고, 새로운 정체성도 좋다. 딱히 떠오르지 않는다면 바로 앞에서 다른 삶의 영역들을 참고하길 바란다.

2. 그런 뒤 각 정체성을 지닌 사람은 무엇을 할지 생각해 보자. 해당 정체성을 지탱하는 습관이나 행동을 브레인스토밍해서 바깥에 있는 작은 원들 안에 적어 보자.

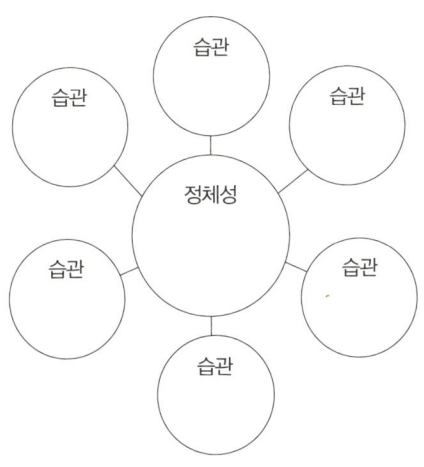

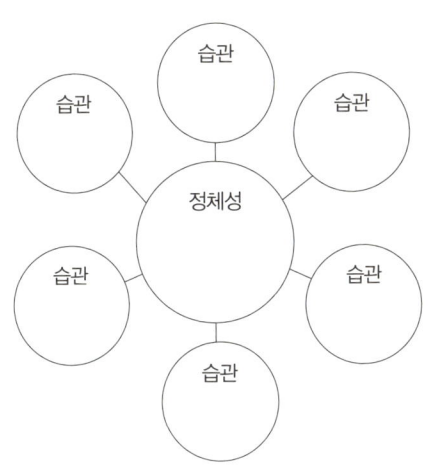

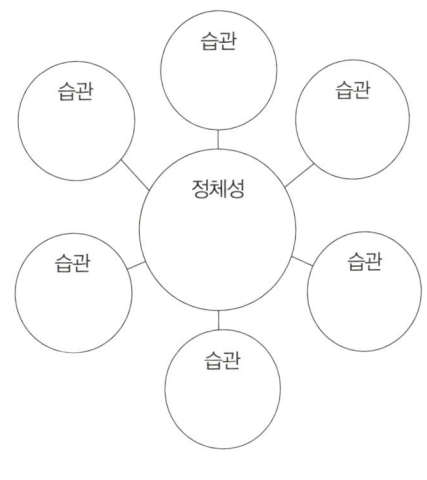

목표 설정하기

지금껏 당신의 Z를 그리기 위해 해온 훈련들을 되돌아 보자. 브레인스토밍한 이야기들에서 어떤 패턴이 보이는가? 당신이 원하는 것, 도달하고 싶은 곳에 대해 어떤 깨달음을 얻었는가? 당신이 원하지 않는 것은 무엇인가?

_____
_____
_____
_____
_____
_____

> 수년간 노력했음에도 바라던 것과는 어딘가 다른 삶에 도달하기도 한다. 자신이 무엇을 원하는지 명확히 정의하지 않았기 때문이다. 한 시간의 사유가 10년의 수고를 덜어 줄 수 있다.

지금껏 해온 훈련들을 바탕으로 지금 이 시점에서 당신이 바라는 구체적인 목표를 적어 보자. 이 단계에서는 큰 그림을 그려도 좋다. 다음 단계에서 실행 가능한 시스템으로 바꿔 나갈 것이다.

- _____
  _____
- _____
  _____
- _____
  _____

시작하는 순간 모든 게 달라진다

우선 시작하라.

필요하다면 느리게 시작하라.

필요하다면 작게 시작하라.

필요하다면 아무도 모르게 시작하라.

어쨌든 시작하라.

목표에서 시스템으로

당신의 출발점(A)과 도달하고 싶은 지점(Z)을 살펴봤으니 이제 다음 단계(B)가 무엇인지 파악해야 한다. 하지만 다음 단계를 어떻게 정해야 할까? 이 질문에 대한 답, 즉 B를 정의한다는 것은 하나의 시스템을 정의한다는 사실을 깨닫는 데서 찾을 수 있다.

파트 1 '습관은 과학이다'에서 시스템의 중요성에 대해 다뤘듯이, 방향을 설정하는 데 목표가 중요한 역할을 하지만 목표를 달성하는 데 결정적인 것은 시스템이다. ABZ 프레임워크의 핵심 또한 시스템의 중요성이라는 사실을 이해해야 한다. Z가 목표라면 B는 거기에 이르기 위해 적용할 시스템의 첫 단계고, A는 당신의 현실을 사실대로 보여 주는 그림이자 당신에게 맞는 시스템을 구축하는 데 필요한 틀이다. 다시 말해 Z가 목표라면 B는 목표를 달성하기 위해 가장 먼저 집중해야 할 습관이라 할 수 있다.

그러니 이제 자신의 목표를 시스템으로 그리고 습관으로 전환하는 방법이 무엇인지, 어떻게 구축해 나가야 하는지 살펴보자.

1. 먼저 '당신이 향하고자 하는 목적지'의 마지막 훈련에서 정리한 목표들을 이곳에 다시 한번 적어 보자.

2. 이 워크북을 시작하기 전 이미 갖고 있었던 목표라면 이를 달성하기 위해 현재 어떤 시스템을 사용하고 있는지 적어 보자. 현재 시스템이 없다면 '없음'으로 기록한다.

목표	현재 시스템
1:	
2:	
3:	
4:	

3. 각 목표의 시스템을 평가한다. 어떤 시스템이 왜 효과가 있거나 없다고 느끼는지 (또는 둘 다에 해당한다고 느끼는지) 이유를 적는다. 그런 다음 각 시스템의 유효성을 점수로 매겨 보자.

목표	시스템 평가	유효성 점수
1:		1　2　3　4　5
2:		1　2　3　4　5
3:		1　2　3　4　5
4:		1　2　3　4　5

4. 각 목표의 이상적인 시스템이 무엇인지 결정한다. 시스템을 설계하기 위해서는 현 시스템에 대한 평가와 더불어 '지금의 나 자신을 있는 그대로 바라보기' 섹션에서 기록한 내용을 함께 참고하는 것이 좋다. 단순히 이상적인 시스템이 아니라 '당신에게' 이상적인 시스템이 무엇일지 생각해 보길 바란다.

5. 각 시스템에 따라 이를 구성하는 습관들을 적어 보자.

목표	시스템	습관
1:		
2:		
3:		
4:		

이루고 싶은 습관 선택하기

당신이 집중할 습관을 고르기 위해 해야 할 일들은 이제 모두 마쳤다. 여기서 집중할 습관이란 새로 만들고자 하는 것일 수도 있고, 끊고자 하는 것일 수도 있으며, 어떤 습관을 다른 습관으로 대체하는 경우처럼 이 두 가지를 동시에 하는 일일 수도 있다.

변화를 시도할 때 내가 강력히 권고하는 바는 한 번에 한 가지 습관만 다루라는 것이다. 이 조언을 받아들이기 어려울 수 있다. 특히 조금 전에 삶의 여러 영역을 살펴보며 어떤 변화를 이루고 싶은지 파악한 후라면 한꺼번에 여러 가지를 바꿔 보고자 하는 마음이 들 수 있다. 하지만 한 번에 시도하는 변화가 많을수록 변화에 성공할 가능성은 줄어든다. 따라서 한 가지를 선택해 매진하고 변화가 자리 잡은 후에 다른 습관을 택해 다시 같은 과정을 반복해야 한다.

이런 이유로 이 워크북에는 훈련을 두 번 할 수 있도록 지면을 마련했다. 한 가지 습관이 자리를 잡고 나면 다시 돌아와 또 다른 습관으로 같은 훈련을 진행할 수 있도록 말이다. 여기에는 두 가지 유의 사항이 있다. 첫째는 꼭 필요하다면 두 가지 습관을 동시에 다루되 하나는 개인의 삶, 다른 하나는 직업적 삶에서 택해야 한다. 이 두 영역은 어느 정도 뚜렷하게 분리가 되어 있어야 한다. 그래야 두 영역 모두에서 동시에 변화를 시도해도 큰 부담을 느끼지 않을 수 있다.

둘째는 얼마간 시간을 들인 후에도, 만들거나 끊으려고 노력 중인 습관을 바꿔도 된다는 점이다. 어떤 습관에 매진하겠노라 결심했다고 해서 그 습관이 삶에 완전히 자리 잡을 때까지 무슨 일이 있어도 반드시 고수해야 하는 것은 아니다. 여러 이유로 해당 습관이 자신에게 맞지 않다고 판단할 수 있다. 그 습관이 자신에게 실제로 별 도움이 되지 않는다고 느낄 수도 있고, 목표를 달성하는 최선의 방법이 아니라고 여길 수도 있다. 그렇다면 다른 습관으로 전환하는 데 죄책감을 가질 필요가 없다.

가장 중요한 점은 자신에게 가장 이로운 일을 해야 한다는 것이다. 따라서 이 워크북을 해나가는 동안 어느 시점에서든 습관을 바꾸는 것이 이롭다고 여긴다면 그렇게 해도 된다.

어떤 습관(들)에 집중할 것인가?

습관: _____

습관: _____

습관 테스트

여정을 시작하기 전 당신이 택한 습관을 대상으로 두 가지 테스트를 진행해야 한다. 이 테스트를 통과하지 못하는 습관이라면 당신에게 도움이 되지도, 효과를 발휘하지도 못할 것이다.

1. 나뭇가지 수준의 문제를 해결하는가, 뿌리 수준의 문제를 해결하는가?

당신이 선택한 습관이 진정으로 당신이 해결하고자 하는 문제를 해결해 주는지 다시 한번 점검해야 한다. 결국 습관이란 당신이 삶에서 마주한 문제를 해결하는 대책이다. 그런데 행동 변화를 시작하고 보니 새로운 행동이 그 문제를 해결하지 못한다면 새로운 습관을 얼마나 잘 효율적으로 구축하든 문제는 여전히 해결되지 않은 채로 남는다.

이때 유용한 접근법은 모든 문제는 나뭇가지 수준에서도 해결될 수 있고 뿌리 수준에서 해결될 수도 있다고 생각하는 것이다. 오늘 가시덤불의 가지들을 제거한다면 다음 해에 덤불에 긁히는 일은 없을 것이다. 하지만 그다음 해에는 같은 문제를 마주할 것이다. 따라서 오늘 뿌리를 제거해야 한다.

가령 잠들기 전 스마트폰을 계속 스크롤링하는 문제를 해결하고 싶다고 하자. 나뭇가지 수준의 해결책은 졸음이 오면 스마트폰을 만지는 시간을 줄일 수 있으리라고 기대하며 멜라토닌을 복용하는 것이다. 뿌리 수준의 해결책은 자는 시간에는 스마트폰을 다른 공간에 두는 것이다.

당신의 습관은 나뭇가지 수준의 해결책인가, 뿌리 수준의 해결책인가?

아래에 자신이 선택한 습관이 어떤 문제를 해결하는지 적고, 해당 습관이 나뭇가지 수준의 해결책인지 뿌리 수준의 해결책인지 이유를 적어 보자.

습관	습관이 해결하려는 문제	나뭇가지 수준/뿌리 수준

자신의 습관이 나뭇가지 수준의 해결책임을 깨달았다면 뿌리 수준의 해결책이 될 새로운 습관을 택하도록 하자.

습관: _____

습관: _____

2. 당신의 삶의 양식에 부합하는가?

두 번째로 중요하게 확인해야 할 점은 당신이 택한 습관이 현재 당신의 삶의 양식과 어울려 작동할 수 있는가다. 운동을 늘려야겠다고 결심하고 아침 운동을 택했지만 그 시간에 자녀를 돌봐야 한다면 성공을 향한 시작이라고 보기 어렵다.

여기서 한 가지 짚고 넘어가야 할 점이 있다. 과거의 습관을 되찾는 것으로 행동 변화를 시도하려는 심리에 관한 것이다. 친구가 "달리기만 다시 시작하면 돼.", "예전에 했던 아침 루틴으로만 돌아가면 돼."라고 말하는 것을 자주 들어 봤을 것이다. 왜 이렇게 생각하는지는 이해가 간다. 변화는 어렵지만 과거에 효과가 있었던 습관으로 돌아가는 일은 당연하고도 손쉬운 선택지처럼 보이기 때문이다.

문제는 삶이 필연적으로 변한다는 데 있다. 이전의 삶에 자리했던 습관으로 돌아가려고 해도 그 습관이 당신에게 더는 효과가 없을 수 있다. 실로 당신이 해당 습관을 멈췄던 이유도 그 습관이 어느 순간부터인가 당신의 삶에서 효과를 발휘하지 않았기 때문일 가능성이 크다. 그런 습관을 강제한다면 도리어 좌절감을 경험할 수 있고, 습관을 완전히 포기하는 결과로 이어질 수 있다.

해법은 삶이 달라졌다는 사실을 인정하고 현재의 삶에 맞는 습관은 어떤 형태여야 하는지 생각해 보는 것이다. 과거의 습관이 아직도 내게 효과가 있었으면 좋겠다고 바랄 수도 있고, 지금의 삶에서 실제로 효과를 발휘할 습관을 설계할 수도 있다. 이 두 가지 선택지 중 단 하나만이 당신이 바라는 변화를 만들어 낸다.

당신이 택한 습관(들)이 현재 당신 삶의 양식을 반영하고 있는지 다음 페이지의 표에 적어 보자. 이를 위해 "ABZ 프레임워크로 현재의 삶 진단하기'(44쪽)로 돌아가 당신 삶이 현재 어떤 모습인지를 정리한 내용을 참고하길 바란다.

습관	당신의 삶이 반영되어 있는가

습관이 삶의 양식을 반영하지 않는다는 사실을 깨달았다면 삶의 양식을 반영하는 새로운 습관을 택하도록 하자.

습관: _____

습관: _____

나 자신과 '습관 지키기'를 약속하라

변화를 바란다면 그 변화를 지속시키는 가장 좋은 방법은 약속을 하는 것이다. 뒤에서 다시 다루겠지만, 약속 유지 장치 commitment keeping devices 는 매우 강력한 도구로서 어떤 약속이든(심지어 자기 자신과의 약속조차도) 목적을 명확히 하고 변화를 끌어내는 데 도움을 줄 수 있다. 그러니 이 워크북의 다음 부분으로 넘어가기 전, 현재 당신의 삶에서 집중하고자 하는 습관(들)에 이름을 붙이고 약속하는 시간을 잠시 가져 보자.

> 가장 중요한 습관은 올바른 습관을 고르는 것이다.

습관

_____

☐ 이 습관이 문제를 뿌리 수준에서 해결하는가?
☐ 이 습관이 당신의 삶의 양식에 부합하는가?

습관

_____

☐ 이 습관이 문제를 뿌리 수준에서 해결하는가?
☐ 이 습관이 당신의 삶의 양식에 부합하는가?

셀프 체크리스트

지금까지 잘 진행되고 있는가?

> 매 순간 당신은 단 하나의 좋은 선택으로 훨씬 의미 있는 삶에 다가갈 수 있다.

_____
_____
_____
_____

전반적인 진행 상황을 어떻게 평가하겠는가?

1   2   3   4   5   6   7   8   9   10

습관으로 당신이 구축하고자 하는 정체성이 강화되고 있는가?

_____
_____
_____
_____

지금까지의 노력으로 성취한 작은 승리를 한 가지 꼽으면 무엇이 있는가?

_____
_____
_____
_____

무엇이 잘 진행되고 있는가? 무엇이 잘 진행되고 있지 않은가?

___

무엇이 당신을 가로막고 있는가? 이를 어떻게 극복할 계획인가?

___

무엇을 배웠는가?

___

사람들은 자신의 기대치에 인질처럼 발이 묶이곤 한다.

이루고 싶은 꿈이나 따르고자 하는 길이 있지만

일이 바라던 대로 풀리지 않으면 마음가짐이 무너진다.

대단히 높은 기준을 향해 손을 뻗되 실패와 실망, 패배를 연료로 삼아

다음을 준비하는 유연함을 지녀라.

최선을 다하되 결과가 어떻든 삶은 결국 당신의 편이라고 믿어라.

세상이 당신을 어떻게 방해하는지가 아니라

당신에게 어떻게 협력하는지를 보아라.

당신에게 오는 모든 것은 다음 수를 위한 것이다.

모든 것이 그렇다.

Part 2

행동 변화의
네 가지 법칙

원자가 분자를 이루듯
아주 작은 습관은 놀라운 결과를 이룬다

파트 1 '습관은 과학이다'에서는 습관 순환, 즉 습관을 행동으로 옮길 때마다 일어나는 네 단계의 과정을 살펴봤다.

각 단계를 다시 살펴보자.

> 신호: 행동을 유발하는 촉매제. 보상이 가까이 있을 수도 있다는 정보 조각이 포함되어 있다.
>
> 열망: 모든 습관을 움직이는 동기적 힘. 변화하고자 하는 내면의 욕구이자 단순한 청각적, 시각적 신호를 해결해야 할 문제로 전환하는 정신의 작용이다.
>
> 반응: 우리가 수행하는 실제 습관으로, 생각일 수도 있고 행동일 수도 있다. 반응은 어떤 문제에 대한 진짜 해결책인 셈이다.
>
> 보상: 모든 습관의 최종 목표이자 애초에 어떤 행동을 실천함으로써 얻고자 했던 대상이다.

그림 4. 습관 순환의 네 단계

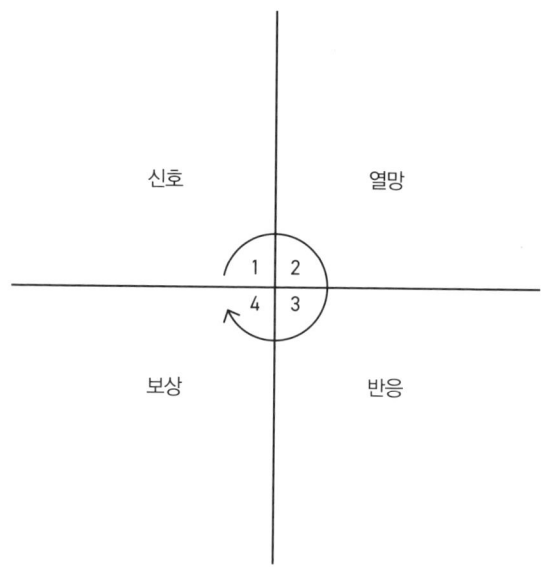

 신호, 열망, 반응, 보상의 네 단계는 모든 습관의 중추로, 우리의 뇌는 항상 같은 순서로 이 단계들을 수행한다. 습관을 만들기 위해서는 이 네 단계가 모두 필요하다. 즉 한 단계라도 생략되면 습관이 만들어지지 않는다. 신호를 없애면 행동이 유발되지 않으며, 열망이 줄어들면 행동에 대한 욕구를 느끼지 않는다. 반응을 막으면 행동이 일어나지 않고, 보상이 만족스럽지 않으면 다시 그 행동을 하고 싶다는 생각이 들지 않는다.

 그렇다면 실제로 이 단계들을 어떻게 밟을 수 있을까? 신호를 없애거나 열망을 줄이려면 어떻게 해야 할까? 이 질문에 대한 답은 행동 변화의 네 가지 법칙이라는 실천적인 프레임워크를 따르는 데 있다. 습관 순환의 네 단계에 대응하는 이 네 가지 법칙은 좋은 습관을 만들고 나쁜 습관을 끊는 단순하고도 실행 가능한 규칙이다.

습관의 고리	행동 변화의 네 가지 법칙	
	좋은 습관을 만드는 법	나쁜 습관을 끊는 법
1. 신호	첫 번째 법칙: 분명하게 만들어라	첫 번째 역법칙: 보이지 않게 만들어라
2. 열망	두 번째 법칙: 매력적으로 만들어라	두 번째 역법칙: 매력적이지 않게 만들어라
3. 반응	세 번째 법칙: 하기 쉽게 만들어라	세 번째 역법칙: 하기 어렵게 만들어라
4. 보상	네 번째 법칙: 만족스럽게 만들어라	네 번째 역법칙: 불만족스럽게 만들어라

이제부터 법칙을 하나씩 살펴보면서 네 가지 법칙을 활용해 습관을 만들고 끊는 전략들을 알아보도록 하자.

첫 번째 법칙,
분명해야 달라진다

행동 변화의 첫 번째 법칙은 어떤 행동을 유발하는 신호의 단계에서 습관을 바로잡는 것과 관련이 있다. 신호를 바꾸면 습관도 바꿀 수 있고, 습관을 만들거나 끊는 것도 가능하다. 신호는 습관 순환의 첫 단계로서 애초에 어떤 습관이 시작될 것인지를 결정하기 때문에 대단히 강력한 힘을 지닌다. 나쁜 습관의 신호를 제거하면 해당 습관은 시작조차 되지 않는다. 새로운 습관을 위해 강력한 신호를 만들면 그 습관을 시작할 수 있다.

행동 변화의 첫 번째 법칙은 '분명하게 만들어라'이다. 신호가 분명하고 눈에 띌수록 습관이 시작될 가능성도 커진다는 개념이다. 이는 직관적인 사실이다. 우리는 우리 주변의 어떤 트리거에 따라 특정 습관을 행하게 된다. 따라서 뇌가 트리거를 인지하기 쉬울수록 습관 순환이 시작될 가능성도 커진다.

물론 그 반대 방향도 성립한다. 뇌가 트리거를 인지하기 어려울수록 습관 순환이 시작될 가능성은 줄어든다. 따라서 신호를 보이지 않게 만들면 애초에 그 습관이 유

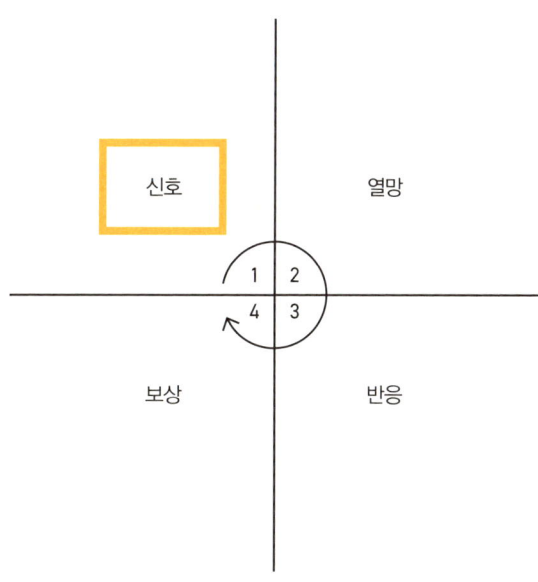

그림 5. 행동 변화의 첫 번째 법칙 '신호'

발되지 않는다. 이런 이유로 행동 변화의 첫 번째 역법칙은 나쁜 습관을 끊는 데 아주 강력한 힘을 발휘한다. 나쁜 습관을 신호 단계에서 막을 수 있게 되면 이것만으로도 그 습관을 끊을 수 있다. 그 습관이 애초에 시작되지도 않을 테니 말이다. 이 원리를 이해하면 습관의 신호를 더 눈에 띄게 하거나 또는 더 보이지 않게 할 시스템을 구상할 수 있다.

이제부터 첫 번째 법칙과 역법칙을 활용해 습관을 만들고 끊는 실용적인 전략을 살펴보자. 이어지는 훈련에서는 파트 1에서 택했던 습관(들)을 활용해도 좋고, 현재 집중하고자 하는 새로운 습관을 택해도 좋다.

> 행동 변화의 첫 번째 법칙:
> **습관을 만들고 싶다면 분명하게 만들어라.**
> 행동 변화의 첫 번째 역법칙:
> **습관을 끊고 싶다면 보이지 않게 만들어라.**

왜 아무리 결심해도 습관을 만들기 어려울까

의식하든 의식하지 못하든, 현재의 모든 습관에는 신호가 내재되어 있다. 하지만 이제 시도하려는 새로운 습관에는 신호가 존재하지 않는다. 당연한 이야기 같지만 습관을 만들기 어려운 이유가 바로 여기에 있다. 습관을 시작하는 신호가 없으면 아무리 간절한 마음으로 바라도 습관은 시작되지 않는다.

아마 살면서 모두가 경험해 봤을 것이다. 가족들에게 안부 전화를 자주 해야겠다는 생각에 이번 주부터 새로운 습관으로 만들어 보겠다고 다짐하지만 결국은 마음처럼 되지 않는다. 몇 주가 지나도 전화를 걸지 않는다. 문제는 당신이 이 습관을 원치 않아서도, 당신의 삶에 습관을 끼워 넣을 틈이 없어서도 아니다. 문제는 해당 습관의 신호를 만들지 않았고, 그래서 이 습관을 유발할 게 아무것도 없다는 데 있다.

첫 번째 법칙 '분명하게 만들어라'에서 우리가 분명하게 만들어야 할 대상이 바로 습관의 신호다. 신호가 분명하고 눈에 띌수록 뇌에서 습관 순환이 시작될 가능성이 커지고, 그 결과 해당 행동을 완수하게 된다. 그러면 신호를 어떻게 설계해야 분명하고 눈에 띌지 알아보자.

● 신호의 다섯 가지 유형

보통 신호는 아래 다섯 가지 범주에 속한다. 이를 이해하면 자신이 만들고자 하는 습관에 가장 어울리는 신호를 선택할 수 있다.

1. **시간:** 매일 아침 침대를 정리한다.
2. **장소:** 주방에 들어갈 때마다 설거지할 거리가 있는지 확인한다.
3. **선행 사건:** TV 시청을 마친 뒤에는 리모컨을 정해진 곳에 둔다.
4. **감정 상태:** 불안을 느끼고 있다는 걸 자각하면 잠시 멈춰 다섯 번 심호흡한다.
5. **타인:** 친구가 러닝을 하러 간다고 하면 따라간다.

신호를 설계할 때는 처음 세 가지가 가장 활용하기 쉽지만 다섯 가지 모두 효과가 좋은 선택지다.

더 나은 신호를 만들어라

성공적으로 신호를 설계하는 핵심은 구체적이고 즉각적으로 실행할 수 있는 트리거를 고르는 것이다. 이를테면 멀리 사는 친구들에게 전화를 더 자주 하는 습관을 들이고 싶다고 하자. 그래서 '퇴근 후에 다른 도시에 사는 친구에게 전화를 건다'와 같은 신호를 택한다. 물론 이것도 효과가 있지만 신호가 구체적인 건 아니다. 언제 할 것인가? 매주 수요일마다 할 것인가? 아니면 매일 할 것인가? 이런 모호함 때문에 그 행동을 언제 해야 할지 알기 어렵고 행동을 지속하기도 어렵다.

반면에 '매주 수요일, 퇴근하고 차에 오르자마자 다른 도시에 사는 친구에게 전화를 건다' 같은 신호라면 행동을 정확히 언제 수행할 것인지 알 수 있다. 따라서 실행할 가능성도 크다. 이처럼 신호는 구체적이고 실행 가능할수록 좋다.

언제, 어디서, 무엇을 할 것인지 결정하라

신호를 어떻게 만드는지와 관련해 입증된 전략들이 있다. 습관의 신호를 만들고 이 신호를 분명하게 만드는 방법은 다양하지만, 가장 단순하고도 효과적인 방법은 실행 의도를 설정하는 것이다. 실행 의도는 시간과 장소를 활용해 신호를 만드는 전략이다. 간단히 말해서 실행 의도는 하고 싶다는 동기가 생기는 습관을 어떻게 실행할 것인지 구체적인 계획을 세우는 행위다.

연구에 따르면 동기만으로는 우리가 어떤 습관을 수행할 가능성 자체에 큰 영향을 주지 못한다. 하지만 계획을 세운다는 이 단순한 행위가 행동의 가능성을 높인다. 이 전략을 습관에 적용하는 방법은 다음과 같은 문장을 써 보는 것이다.

나는 [언제] [어디서] [어떤 행동]을 할 것이다.

예시: 나는 **저녁 8시에 거실에서 5분간 글을 쓸** 것이다.

먼저 새로운 습관에 신호를 보낼 적절한 시간과 장소 조합을 몇 가지 생각해 보자.

습관: _____

시간: _____ 장소: _____

시간: _____ 장소: _____

시간: _____ 장소: _____

위에 적은 조합 가운데 하나를 선택해 시도해 보자. 다음과 같이 실행 의도를 적고 일주일간 실천한다.

실행 의도

나는 _____에 _____에서 _____할 것이다.

한 주 동안 실천한 소감: 계획을 끝까지 지속할 수 있었는가? 이유는 무엇이고, 지속할 수 없었다면 그 이유는 무엇인가? 실행 의도에서 수정해야 할 부분이 있는가? 새로운 시간과 장소 조합으로 일주일간 더 실천해 보고 싶은가?

_____
_____
_____
_____
_____

계획을 지속할 수 없었다면 새로운 시간과 장소 조합으로 다시 일주일간 실천해 보길 바란다.

> 앞으로 이 선과 기호를 반복적으로 마주할 것이다. 이 선과 기호는 처음 시도한 것과 다른 습관을 적용하거나 워크북을 한 번 더 볼 경우를 대비해 같은 훈련을 한 번 더 진행할 수 있는 공간이 마련되어 있다는 의미다.

↓

↻ ....

먼저 새로운 습관에 신호를 보낼 적절한 시간과 장소 조합을 몇 가지 생각해 보자.

습관: _____

    시간: _____ 장소: _____

    시간: _____ 장소: _____

    시간: _____ 장소: _____

위에 적은 조합 가운데 하나를 선택해 시도해 보자. 다음과 같이 실행 의도를 적고 일주일간 실천한다.

실행 의도

나는 _____ 에 _____ 에서 _____ 할 것이다.

한 주 동안 실천한 소감: 계획을 끝까지 지속할 수 있었는가? 이유는 무엇이고, 지속할 수 없었다면 그 이유는 무엇인가? 실행 의도에서 수정해야 할 부분이 있는가? 새로운 시간과 장소 조합으로 일주일간 더 실천해 보고 싶은가?

_____
_____
_____
_____
_____
_____

실행 의도는 습관을 끊는 데도 유용한 도구가 된다. 어떤 습관을 하지 않겠다는 방향으로 실행 의도를 작성하려면 같은 형식의 문장을 쓰되, 새로운 시간과 장소의 조합이 아니라 당신이 그 습관을 행하는 시간과 장소에서 그 습관을 행하지 않겠다는 계획을 세워야 한다.

나는 [언제] [어디서] [어떤 행동]을 하지 않을 것이다.
예시: 나는 **저녁에 침대에서 독서를 하는 동안 손톱을 물지 않을** 것이다.

끊고자 하는 습관을 주로 행하는 시간과 장소를 넣어 실행 의도 문장을 완성해 보자. 그런 뒤 일주일간 실천한다.

실행 의도

나는 _____ 에 _____ 에서 _____ 할 것이다.

한 주 동안 실천한 소감: 계획을 끝까지 지속할 수 있었는가? 이유는 무엇이고, 지속할 수 없었다면 그 이유는 무엇인가? 실행 의도에서 수정해야 할 부분이 있는가? 새로운 시간과 장소 조합으로 일주일간 더 실천해 보고 싶은가?

_____
_____
_____
_____

끊고자 하는 습관을 주로 행하는 시간과 장소를 넣어 실행 의도 문장을 완성해 보자. 그런 뒤 일주일간 실천한다.

실행 의도

나는 _____ 에 _____ 에서 _____ 할 것이다.

한 주 동안 실천한 소감: 계획을 끝까지 지속할 수 있었는가? 이유는 무엇이고, 지속할 수 없었다면 그 이유는 무엇인가? 실행 의도에서 수정해야 할 부분이 있는가? 새로운 시간과 장소 조합으로 일주일간 더 실천해 보고 싶은가?

_____
_____
_____
_____
_____
_____
_____
_____

기존의 습관에 새로운 습관을 짝지어 주기

습관 쌓기는 실행 의도의 한 종류지만 장소와 시간을 새로운 습관에 묶는 게 아니라 당신이 이미 꾸준하게 지속하는 습관 위에 새로운 습관을 쌓아 올리는 것이다.

가령 치실을 더 자주 사용하고 싶다면 양치질이라는 기존의 습관에 치실이라는 습관을 쌓는다. 이 경우 기존의 습관이 새로운 습관의 신호가 되어 '양치를 하기 전에 치실을 사용하겠다'가 되는 것이다.

습관 쌓기 공식은 다음과 같다.

[현재의 습관]을 하고 나서 **[새로운 습관]**을 할 것이다.

습관 쌓기의 첫 단계는 트리거 습관, 즉 새로운 습관에 짝을 지을 기존의 습관을 선택하는 것이다.

○ 올바른 트리거 습관 고르기

올바른 트리거 습관을 고르는 핵심은 만들고자 하는 새로운 습관과 같은 리듬 및 타이밍을 지닌 습관을 찾는 것이다. 예를 들어 주 3회 헬스장에 가고 싶다면 이 새로운 습관을 매일 하는 습관과 묶을 수는 없다. 주 3회 행하는 다른 습관과 묶어야 한다. 또 매일 아침 가장 먼저 뉴스 기사를 보는 습관을 들이고 싶다면 하루를 마무리할 때 하는 습관과 묶어서는 안 된다. 아침에 일어나자마자 하는 행동과 묶어야 올바른 트리거로 작용할 수 있다.

먼저 새로운 습관에 묶을 트리거 습관을 생각해야 한다. 새로운 습관을 트리거 습관의 전과 후 중 언제 행할지 동그라미로 표시한다.

습관: _____

　전/후: _____

　전/후: _____

　전/후: _____

● 브레인스토밍이 어렵다면?

올바른 트리거 습관을 어떻게 골라야 할지 모르겠는가? 한 가지 방법은 매일 빠짐없이 행하는 습관을 모두 적어 보는 것이다. 양치하기, 아침에 커피 내리기 등이 될 수 있다. 이런 습관을 촉매로 삼으면 트리거 습관이 확실히 자리 잡는다. 자신이 꾸준히 하는 습관들을 생각해 보고 아래에 적어 보자.

_____ 　_____

_____ 　_____

_____ 　_____

_____ 　_____

위에 적은 습관들 중에서 트리거 습관을 하나 골라 새로운 습관에 묶고, 습관 쌓기를 실행하려는 의도를 적는다. 그런 뒤 일주일간 습관 쌓기를 실천해 보자.

습관: _____ 트리거: _____

나는 _____ 전/후에 _____ 할 것이다.

한 주 동안 실천한 소감: 습관 쌓기가 새로운 습관의 신호가 되는가? 함께 묶인 습관들이 마음에 드는가? 실천해 보고 싶은 새로운 트리거 습관이 있는가?

_____
_____
_____
_____
_____
_____

새로운 습관에 묶을 트리거 습관을 생각하자. 새로운 습관을 트리거 습관의 전과 후 중 언제 행할지 동그라미로 표시한다.

습관: _____

    전/후: _____

    전/후: _____

    전/후: _____

위에 적은 습관들에서 트리거 습관을 하나 골라 새로운 습관에 묶고, 습관 쌓기를 실행하겠다는 의도를 적는다. 그런 뒤 일주일간 습관 쌓기를 실천해 보자.

습관: _____   트리거: _____

나는 _____ 전/후에 _____ 할 것이다.

한 주 동안 실천한 소감: 습관 쌓기가 새로운 습관의 신호가 되는가? 함께 묶인 습관들이 마음에 드는가? 실천해 보고 싶은 새로운 트리거 습관이 있는가?

_____
_____
_____
_____
_____
_____
_____
_____
_____
_____
_____
_____
_____
_____

내 루틴 속에 슬쩍 습관 밀어 넣기

습관 쌓기에 접근하는 또 다른 방법은 한 가지 습관이 아니라 루틴들 중간에 새로운 습관을 끼워 넣는 것이다. 습관 점수표를 참고해서 현재 실행하는 루틴을 살펴보거나 그 외 다른 루틴을 선택할 수 있다.

먼저 왼쪽 칸에 현재 루틴을 적어 보자. 그런 뒤 루틴 사이의 한 공간을 선택해 새로운 습관을 끼워 넣는다.

현재 루틴	새로운 습관

이제 새로운 습관은 이미 갖춰진 루틴의 일부로 실행될 것이다. 일주일간 실천해 본 뒤 소감을 적어 보자.

한 주 동안 실천한 소감: 효과가 있었는가? 루틴 내 새로운 습관이 자리할 순서를 바꿔야 할 것 같은가? 아니면 다른 루틴에 끼워 넣어야 할 것 같은가? 일주일간 더 실천해 보기 전에 바꾸고 싶은 점이 있는가?

_____

_____

_____

_____

_____

_____

_____

_____

_____

○ 성공을 위한 계획

하루의 루틴에서 언제, 어디에 습관을 끼워 넣는지가 큰 차이를 만들기 때문에 루틴을 현명하게 선택해야 한다. 이미 바쁘고 혼란스러운 루틴이라면 새로운 습관이 자리할 여유를 만들기 어려울 것이다. 루틴을 고를 때는 스스로에게 이렇게 물어보자. '하루 루틴 중 새로운 습관을 추가해도 충분히 실행할 수 있는 여유가 마련된 루틴은 무엇인가?'

왼쪽 칸에 현재 루틴을 적어 보자. 그런 뒤 루틴 사이의 한 공간을 선택해 새로운 습관을 끼워 넣는다.

현재 루틴	새로운 습관

이제 새로운 습관은 이미 갖춰진 루틴의 일부로 실행될 것이다. 일주일간 실천해 본 뒤 소감을 적어 보자.

한 주 동안 실천한 소감: 효과가 있었는가? 루틴 내 새로운 습관이 자리할 순서를 바꿔야 할 것 같은가? 아니면 다른 루틴에 끼워 넣어야 할 것 같은가? 일주일간 더 실천해 보기 전에 바꾸고 싶은 점이 있는가?

습관 쌓기는 습관을 만들 때만 쓰는 건 아니다. 습관을 끊을 때도 대단히 유용한 도구다. 이를 위해서는 기존 습관을 이용해 새로운 습관을 촉발하는 대신 기존의 습관을 이용해 나쁜 습관 '다음에' 오는 습관을 촉발해야 한다. 다시 말해 나쁜 습관을 건너뛰는 것이다.

예컨대 매일 퇴근해 집에 오면 가장 먼저 소파에 앉아 한 시간 동안 TV를 시청한 후 운동하고 저녁 식사를 준비한다고 가정해 보자. 여기서 TV 시청이라는 습관을 끊고 싶다면 현관에 들어서는 행위가 운동복 갈아입기를 촉발하도록 습관 순서를 만들어, 루틴에서 TV 시청을 들어내는 것이다. 그러면 현관문을 통과하는 행위는 이제 TV 시청이 아니라 운동에 신호를 보내게 된다. 이렇게 하면 TV 시청이라는 나쁜 습관만 빼고 저녁 루틴의 다른 부분들은 계획대로 진행된다.

이런 습관 쌓기의 원리는 루틴 속 나쁜 습관을 좋은 습관으로 대체할 때도 적용할 수 있다. 이때는 현관문을 들어서는 행위가 TV 시청 다음에 오는 습관을 촉발하는 것이 아니라 독서와 같이 TV 시청의 대안이 될 다른 습관을 촉발하도록 해야 한다. 이 경우는 루틴에서 습관을 들어내는 것이 아니라 기존의 습관을 이로운 습관으로 바꾸는 것이다.

이를 시작하기 위해서는 다음 페이지에 등장하는 왼쪽 칸에 현재 루틴을 적는다. 그런 뒤 습관을 제거하는 경우라면 해당 습관에 동그라미를 친 후 제거하고 싶은 습관의 이전과 이후 습관이 연결되도록 한다. 습관을 다른 습관으로 대체하는 경우라면 오른쪽 칸에 대체 습관을 적는다.

현재 루틴	대체 습관

새로운 습관 쌓기를 일주일간 실천해 본 뒤 소감을 적어 보자.

한 주 동안 실천한 소감: 효과가 있었는가? 나쁜 습관을 효과적으로 제거 또는 다른 습관으로 대체할 수 있었는가? 일주일간 더 실천해 보기 전 계획을 수정하고 싶은가?

_____

_____

_____

왼쪽 칸에 현재 루틴을 적는다. 그런 뒤 습관을 제거하는 경우라면 해당 습관에 동그라미를 친 후 제거하고 싶은 습관의 이전과 이후 습관이 연결되도록 한다. 습관을 다른 습관으로 대체하는 경우라면 오른쪽 칸에 대체 습관을 적는다.

현재 루틴	대체 습관

새로운 습관 쌓기를 일주일간 실천해 본 뒤 소감을 적어 보자.

한 주 동안 실천한 소감: 효과가 있었는가? 나쁜 습관을 효과적으로 제거 또는 다른 습관으로 대체할 수 있었는가? 일주일간 더 실천해 보기 전 계획을 수정하고 싶은가?

결과가 오래 지속되길 바라는가?

비결은 개선을 멈추지 않는 것이다.

잘 쌓인 습관은 단단한 틀이 된다

다음 단계로 갈 준비가 되었는가? 습관 쌓기의 가장 좋은 점 중 하나는 이 시스템을 확장할 수 있다는 것이다. 하나의 습관으로 성공을 경험한 후에는 하나의 행동이 다음 행동의 신호가 되도록 습관들을 엮어 더욱 큰 습관의 틀을 완성할 수 있다. 그렇게 만들어진 습관 쌓기는 다음과 같은 모습이 된다.

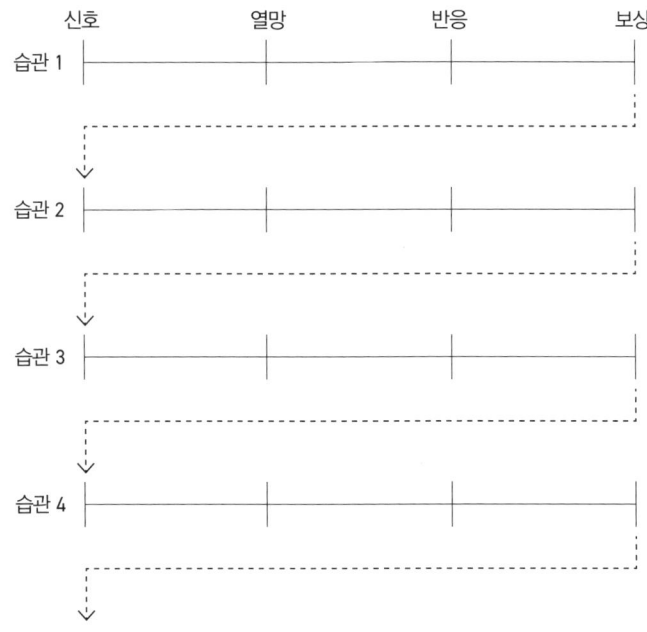

이 큰 틀 전체를 하나의 앵커anchor 습관(단단히 고정된 습관—옮긴이)에 묶거나 현재 루틴에 끼워 넣는다. 직접 시도해 보면서 습관 쌓기의 힘을 경험하길 바란다.

무의식적인 것을 의식하라

끊고 싶은 습관이 있는 경우는 과제가 달라진다. 목표는 새로운 신호를 만드는 게 아니라 기존의 신호를 제거하고 보이지 않게 만드는 것이다. 이것이 행동 변화의 첫 번째 역법칙이다. 하지만 신호를 없애려면 우선 신호가 무엇인지를 알아야 하는데, 이를 파악하기가 생각보다 까다롭다.

습관은 본질적으로 자동화된 행동이다. 한번 새겨진 습관은 거의 자동으로 촉발되고 실행된다. 이런 자동성이야말로 습관이 강력한 힘을 발휘하는 이유다. 그래서 좋은 습관이 한번 형성되면 에너지를 거의 들이지 않고도 지속될 수 있는 것이다. 하지만 달리 말하면 습관의 대부분이 의식 밖에서 벌어진다는 뜻이기도 하다. 그렇기에 우리가 끊고 싶은 나쁜 습관의 신호를 포착하기는 쉽지 않으며 신호가 무엇인지 모른다면 신호를 보이지 않게 만드는 일 자체가 불가능하다.

이런 이유로 습관을 끊는 과정은 벗어나고 싶은 습관을 인식하는 것에서 출발해야 한다. 궁극적인 목표가 나쁜 습관의 신호를 보이지 않게 만드는 것이니만큼, 어딘가 직관에 어긋나는 이야기처럼 들릴 수 있지만 우리가 보이지 않게 만들려는 대상이 무엇인지를 알아야 시작할 수 있다.

이를 실행하기 위해서는 먼저 끊고자 하는 습관의 신호로 여겨지는 것들이 무엇인지 적어 봐야 한다. 신호는 온갖 다양한 형태로 존재한다는 점을 명심하라. 시각적인 신호가 흔하지만 다른 감각이 될 수도 있다(가령 흡연하는 습관이 있다면 담배 냄새가 습관의 신호로 작용할 수 있다). 또한 하나의 습관에 신호가 여러 개 존재하기도 하는데, 어떤 습관을 끊는 것이 유독 어려운 이유도 이 때문이다. 신호를 많이 찾아낼수록 나쁜 습관을 끊을 기회도 늘어난다.

습관: _____

신호

⟲ ···

습관: _____

신호

"또 핸드폰 하고 있어!"라고 외치는 힘

습관의 신호를 파악하기가 어렵다면 '확인하고 외치기'라는 간단한 전략이 도움이 될 수 있다. 어떤 습관을 행하는 순간 소리 내어 자신의 습관을 말하는 것이다. 담배를 집어 들 때는 "나는 담배를 피우고 있다."라고 말한다. SNS를 들여다보기 시작할 때는 "핸드폰 화면을 스크롤링하고 있다."라고 말한다. 민망하게 느껴질 수 있지만 습관을 소리 내어 말하는 행위만으로도 자신이 지금 하는 행동을 자각하고 잠재적으로 오가는 신호들을 인식하는 데 도움이 된다.

끊고 싶은 습관을 택해 앞으로 일주일간 그 행동을 할 때마다 소리 내어 말해 보자. 손톱을 물어뜯는 습관을 끊고 싶다면 이 행동을 시작할 때마다 "나는 손톱을 물어뜯고 있다."라고 말하면서 그 순간을 인식하는 것이다.

그런 뒤 습관과 신호에 대해 관찰된 모든 것을 기록한다. 이는 자신의 행동을 소리 내어 말하고 습관을 행할 때 자신이 관찰한 것을 기록하는 하나의 습관 쌓기인 셈이다. 이 훈련의 목표는 나쁜 습관이 따르는 패턴을 의식하고 나쁜 습관의 신호와 관련해 유용한 정보를 알아내는 데 있다.

습관: _____	
언제	
어디서	
얼마나 자주	
그 외 알아낸 특징	

↻ ·

습관: _____	
언제	
어디서	
얼마나 자주	
그 외 알아낸 특징	

확인하고 외치는 전략은 습관을 만들 때도 적용할 수 있다. 나쁜 습관의 신호를 의식할 때 유용했던 것처럼 이 전략은 좋은 습관의 신호를 의식할 때도 도움이 되어 결과적으로는 이 신호를 더욱 분명하게 만들어 준다.

잠잘 때 휴대전화를 다른 공간에 두고 싶다면 "나는 침실 밖의 공간에 휴대전화를 두고 있다."라고 말한다. 하루 물 섭취량을 늘리고 싶다면 한 모금 마시기 전 "나는 물을 마시고 있다."라고 말한다. 습관을 소리 내어 말하는 행위로 당신이 만들고자 하는 행동에 대한 주의와 자각이 커지고, 그 행동을 실천할 가능성도 커지는 것이다. 습관을 소리 내어 말하면 그 행동이 더욱 분명해질 뿐만 아니라 감지하기 어렵고 잊기 쉬운 요소들을 인식하는 데도 도움이 된다.

만들고 싶은 습관을 실천할 때 소리 내어 말할 신호는 무엇인지 적어 보자.

습관: _____

발화 신호: _____

일주일간 실천에 옮겨 보고 자신의 경험을 돌아보며 소감을 적어 보자.

한 주 동안 실천한 소감: 확인하고 외치는 전략이 효과가 있었는가? 이 방법이 매우 효과적이라고 느끼거나 혹은 효과가 덜하다고 느낀 습관이 있는가?

_____
_____
_____
_____

습관: _____

발화 신호: _____

일주일간 실천에 옮겨 보고 자신의 경험을 돌아보며 소감을 적어 보자.

한 주 동안 실천한 소감: 확인하고 외치는 전략이 효과가 있었는가? 이 방법이 매우 효과적이라고 느끼거나 혹은 효과가 덜하다고 느낀 습관이 있는가?

_____
_____
_____
_____
_____
_____
_____
_____
_____
_____
_____

침대 옆에 책을 두면 자연스레 읽게 된다

신호를 만들고 파악하는 법을 배웠으니 이번에는 신호를 '분명하게' 또는 '보이지 않게' 만드는 법에 관해 이야기해 보자.

무언가를 더 분명하게 또는 덜 분명하게 만든다는 건 우리 주변에서 얼마나 두드러져 보이게 만드는가를 의미한다. 보통 우리는 우리가 환경과는 무관하게 결정을 내린다고 생각하지만 연구 결과는 정반대의 이야기를 한다. 우리가 하는 행동 대부분은 우리의 의식적인 동기나 의지력에서 나오는 것이 아니라 환경에서 무언가가 어떻게 제시되는가에 좌우된다. 심지어 우리가 자각하지 못할지라도 말이다.

> 환경은 우리의 행동을 이끄는 보이지 않는 손이다.

구체적으로 말하면 우리가 매일 하는 행동들은 의도적인 동기나 선택이 아니라 가장 분명하게 보이는 선택지이기 때문에 한 것이다. 아마 누구나 살면서 경험해 봤을 것이다. 마트에서 물건을 살 때 우리는 대개 눈높이에 있는 브랜드를 고르는 경우가 많다. 침대 옆 테이블에 책을 놓아 두면 자기 전에 이 책을 집어 들 확률이 높다. 이런 현상은 '인간의 행동은 개인과 환경의 함수다'라는 레빈 방정식 Lewin's Equation 으로도 표현 가능하다.

이 원리를 우리에게 유익한 방향으로 활용할 수 있다. 신호가 분명할수록 신호를 알아차리고 습관 순환의 트리거로 활용할 가능성이 크다. 신호가 잘 안 보일수록 신호를 알아차리고 습관 순환의 트리거로 활용할 가능성도 작다. 가령 과일 섭취량을 늘리고 싶다면 과일을 냉장고 안이 아니라 주방 카운터 위 그릇에 보관하

> 삶에서 어떤 습관의 비중을 늘리고 싶다면 환경에서 그 신호의 비중이 늘어나야 한다.

는 게 좋다. 그러면 과일을 먹을 가능성이 커진다. 비디오게임 시간을 줄이고 싶은가? 게임 콘솔을 꺼내 놓지 말고 보관장에 넣어 두면 된다. 환경을 설계해 신호의 강렬함을 조절하면 첫 번째 법칙으로 행동 변화를 쉽게 끌어낼 수 있다.

우리는 모든 감각으로 환경을 감지하는데 그만큼 신호 또한 온갖 형태로 전달된다. 그럼에도 시각은 단연 가장 강력한 감각이기에 시각적 신호가 행동의 가장 큰 촉매제가 된다. 또한 쉽게 근절되지 않고 끈질기게 지속되는 행동일수록 신호를 여럿 갖고 있는 경우가 많다. 따라서 주변에 신호가 될 만한 트리거를 여럿 배치하면 하루 동안 어떤 행동을 떠올릴 확률도 올라간다. 어쩌다 하나를 놓치더라도 다른 신호를 감지할 수 있기 때문이다.

좋은 습관의 신호가 눈앞에 있다면 더 나은 결정을 내리기도 쉬워진다. 반대로 끊고 싶은 습관이 신호를 여럿 지녔다면 이 신호들을 가능한 한 많이 찾아서 보이지 않게 만드는 것이 관건이다. 신호에 적게 노출될수록 나쁜 습관이 촉발될 가능성도 줄어들기 때문이다.

이제는 일상생활 및 일하는 환경에서 우리가 바라는 습관을 불러일으키는 신호들을 가득 채우고, 끊고자 하는 습관을 일으키는 신호들은 하나씩 제거하자. 좋은 소식은 우리가 일하고 생활하는 공간을 비교적 쉽게 바꿀 수 있다는 것이다. 이 원리를 이해하는 것이야 말로 더 이상 환경의 희생자가 아닌 설계자가 되어 유혹에 빠지지 않는 법을 배우는 비결이다.

● **자제력에 대한 오해**

습관을 둘러싼 가장 대표적인 통념 중 하나는 좋은 습관을 지속하고 나쁜 습관을 극복하는 열쇠가 자제력이라는 것이다. 많은 사람이 자기 훈련과 자기 극복으로 모든 문제를 해결할 수 있다고 생각한다. 그리고 성공한 사람들은 평균 이상의 의지력을 지녔으리라 생각한다.

하지만 연구 결과는 다른 사실을 말해 준다. 대단한 자제력을 지닌 것처럼 보이는 사람들이 실제로 다른 사람들보다 자제력이 월등히 높은 건 아니라고 말이다. 이들이 남들보다 뛰어났던 점은 자제력을 크게 쓰지 않고도 삶을 구조화하는 능력이었다. 이들은 애초에 유혹에 빠지지 않도록 삶을 설계한다.

성공한 사람들의 자기 훈련 비결은 바로 자기 훈련이 필요하지 않은 환경을 설계하는 것이다. 가령 SNS에 자꾸 정신이 산만해진다면 애써 휴대전화를 외면하려고 노력하는 대신 아예 다른 공간에 두어 유혹을 차단하는 것이다. 습관의 방정식에서 '의지력'을 빼도록 하라.

가장 많은 시간을 보내는 공간 점검하기

습관을 뒷받침하는 환경으로 재설계하기에 앞서 먼저 당신의 현재 상황을 평가해야 한다. 그래야 무엇을 바꿔야 할지 알 수 있고 이를 성공적으로 해내는 데 필요한 정보를 얻을 수 있다. 먼저 집에서 당신이 가장 많은 시간을 보내는 공간을 둘러보자. 그중 분명하게 보이는 신호들을 인식한다. 중앙에 자리한 TV, 침대 옆 휴대전화 충전기, 손이 자주 가는 책장 등이 이에 해당한다. 숨어 있는 신호도 찾아본다. 수납장에 넣어 둔 악기, 높은 선반에 놓인 운동복, 서랍 속 일기장 등이 있을 것이다

이 공간이 어떤 습관을 촉진하거나 저해하는지, 그렇게 만드는 신호들은 무엇인지 아래에 적어 보자.

공간: _____

촉진되는 습관	분명한 신호	저해되는 습관	숨은 신호

이제 집에서 당신이 꽤 오랜 시간을 보내는 공간 또는 의미 있는 습관적 행동을 하는 공간을 대상으로 같은 훈련을 해보자. 집 외에도 사무실 등 당신에게 중요한 공간을 평가해 볼 수 있겠다.

공간: _____

촉진되는 습관	분명한 신호	저해되는 습관	숨은 신호

공간: _____

촉진되는 습관	분명한 신호	저해되는 습관	숨은 신호

공간: _____

촉진되는 습관	분명한 신호	저해되는 습관	숨은 신호

공간: _____

촉진되는 습관	분명한 신호	저해되는 습관	숨은 신호

공간에 대해 자신이 어떻게 평가했는지 살펴보자. 무엇이 눈에 띄는가? 이 공간에서 습관에 도움이 되거나 도움이 되지 않는다고 판단되는 어떤 경향성이 보이는가?

_____
_____
_____
_____
_____
_____
_____

평가를 살펴봤을 때 당신의 습관에 가장 도움이 되는 공간은 어디고, 가장 도움이 되지 않는 공간은 어디인가?

_____
_____
_____
_____
_____
_____
_____

습관에 도움이 되도록 공간을 어떻게 바꾸고 싶은지 간단하게나마 떠오른 아이디어가 있는가?

_____
_____
_____
_____
_____
_____
_____

습관을 뒷받침해 줄 환경으로 세팅하라

공간 평가를 마쳤으니 첫 번째 법칙을 활용해 성공을 위한 환경을 설계해 볼 차례다. 당신이 한 평가를 바탕으로 지금 만들거나 끊고자 하는 습관과 가장 관련이 깊은 환경과 관련된 공간이 어디인지 파악해 보자. 생각보다 복잡할 수 있는 문제라 신중하게 생각하길 바란다. 예컨대 목표가 음식물 쓰레기 배출량을 줄이는 것이라면 관련이 깊은 환경은 주방 전체가 될 수도 있고 냉장고 안쪽이 될 수도 있다. 우리의 삶이 복잡다단한 만큼 여러 공간이 떠오른다고 해도 문제 될 건 없다.

습관: _____   환경: _____

그런 뒤 해당 습관이 벌어지는 공간을 그림으로 그려 보자. 가구를 포함해 물리적으로 무엇이 어떻게 배치되어 있는지, 그 안에 관련 물건들은 어떻게 놓여 있는지 그린다. 잘 그릴 필요는 없다. 목표는 당신의 습관 환경을 시각적으로 구현하는 데 있다.

이제 색깔 펜으로 목표하는 습관과 관련된 물건들을 동그라미로 표시한다. 가구 또는 가구가 배치된 방식처럼 큰 대상일 수도 있고 전등 스위치, TV 리모컨처럼 작은 물건들일 수도 있다. 그런 뒤 다음 질문에 대한 답을 생각해 보자. 이 물건들의 배치에서 무엇이 눈에 띄는가? 습관과 관련된 물건들이 분명히 보이는가? 가장 중요한 곳에 자리하고 있는가, 아니면 숨어 있는가? 습관과 관련된 물건들이 모두 있는가, 아니면 일부만 있는가? 공간에서 당신의 루틴을 방해하는 것은 무엇인가?

앞서 진행한 분석을 바탕으로 환경을 어떻게 재설계해야 행동 변화를 불러일으키는 신호를 더욱 분명하게 또는 안 보이게 만들 수 있을지 생각해 보자. 그림을 그리며 어떤 아이디어가 떠올랐을 수도 있고 지금 새로운 아이디어가 떠오를 수도 있다. 어떤 물건을 공간의 중심으로 옮겨야 하는가? 공간에서 없애야 할 물건이 있는가? 모든 감각을 고려해야 하지만 시각적 신호에 더욱 집중하길 바란다. 시도해 볼 선택지가 많아지도록 최대한 많은 아이디어를 떠올리는 것이 목표다.

신호를 더욱 분명하게 만들 방법 또는 안 보이게 만들 방법

습관

_____
_____
_____
_____
_____
_____
_____
_____

일주일간 가능한 아이디어를 시도해 보고 무엇을 느꼈는지 생각해 보자.

한 주 동안 실천한 소감: 어떤 아이디어가 가장 도움이 되었는가? 습관을 실천할 가능성에 가장 큰 영향을 미친 신호는 무엇인가? 행동 변화를 촉진하기 위해 환경에서 또 바꿔야 할 것이 있는가?

_____
_____
_____
_____
_____
_____
_____

⟳ ·

목표하는 습관은 무엇이며, 그 신호가 자리한 공간은 어디인가?

습관: _____   환경: _____

해당 습관이 벌어지는 공간을 그림으로 그려 보자. 가구를 포함해 물리적으로 무엇이 어떻게 배치되어 있는지, 그 안에 습관과 관련된 물건들은 어떻게 놓여 있는지를 그린다. 잘 그릴 필요는 없다. 목표는 당신의 습관 환경을 시각적으로 구현하는 데 있다.

이제 색깔 펜으로 목표 습관과 관련된 물건들을 동그라미로 표시한다. 가구 또는 가구가 배치된 방식처럼 큰 대상일 수도 있고 전등 스위치, TV 리모컨처럼 작은 물건들일 수도 있다. 그런 뒤 다음의 질문에 대한 답을 생각해 보자. 이 물건들의 배치에서 무엇이 눈에 띄는가? 습관과 관련된 물건들이 분명히 보이는가? 가장 중요한 곳에 자리하고 있는가, 아니면 숨어 있는가? 습관과 관련된 물건들이 모두 있는가, 아니면 일부만 있는가? 공간에서 당신의 루틴을 방해하는 것은 무엇인가?

_____

_____

_____

_____

_____

_____

앞서 진행한 분석을 바탕으로 환경을 어떻게 재설계해야 행동 변화를 불러일으키는 신호를 더 분명하게 또는 안 보이게 만들 수 있을지 생각해 보자. 그림을 그리며 어떤 아이디어가 떠올랐을 수도 있고 지금 새로운 아이디어가 떠오를 수도 있다. 어떤 물건을 공간의 중심으로 옮겨야 하는가? 공간에서 없애야 할 물건이 있는가? 모든 감각을 고려해야 하지만 시각적 신호에 더욱 집중하길 바란다. 시도해 볼 선택지가 많아지도록 최대한 많은 아이디어를 떠올리는 것이 목표다.

	신호를 더욱 분명하게 만들 방법 또는 안 보이게 만들 방법
습관	

일주일간 가능한 아이디어를 시도해 보고 무엇을 느꼈는지 생각해 보자.

한 주 동안 실천한 소감: 어떤 아이디어가 가장 도움이 되었는가? 습관을 실천할 가능성이 가장 큰 신호는 무엇인가? 행동 변화를 촉진하기 위해 환경에서 또 바꿔야 할 것이 있는가?

TV 시청과 일하기가 겨루는 환경이라면

습관에 도움이 되는 공간을 만들기 위해서는 현재 공간에 몇 가지 작은 변화를 주는 것으로는 충분하지 않을 때가 있다. 어떤 환경을 반복적으로 사용하고 경험할수록 그 안에서 수행하는 행동들과 환경이 긴밀히 연계되어 당신이 그 공간과 맺은 연결성을 전환하는 것이 어려워진다.

거실이 휴식과 TV 시청을 하는 곳이라면 거실을 생산성과 업무의 공간으로 인식하도록 뇌의 신경망을 재조직하기가 어렵다. 침대를 TV 시청과 독서의 공간으로 삼았다면 침대에서 잠들기가 어려울 수 있다. 달리 말하면 처음에는 습관의 개별적인 신호들이 자리한 환경이었을지 몰라도 시간이 흐르면 그 환경 전체가 어떤 습관의 신호가 되는 것이다.

즉 오래된 연계성이나 기억이 없는 새로운 환경에서 습관의 변화를 시도하는 편이 (또는 새로운 습관을 시작하는 편이) 더욱 쉬울 것이란 의미다. 얼마 전 재택근무를 시작했는데 주방에서는 생산성을 내기가 어렵다면 거실이나 침실에서 일하는 편이 나을 수 있다. 운동 루틴을 시작하려 하지만 거실이 휴식과 연관되어 있다면 공원에서 운동하는 편이 나을 것이다.

다만 새로운 습관을 위해 새로운 공간을 찾기란 쉽지도, 현실적이지도 않다. 이 경우에는 현재의 공간에서 새로운 공간을 만들어야 한다. 예를 들어 현재의 공간에서 글쓰기 습관을 만들고자 하는데 새로운 공간이 없어 난관에 부딪힌다면 의자와 조명을 방 한구석으로 옮겨 놓고 글쓰기 자리로 삼을 수 있다. 완전히 새로운 공간이 아니더라도 일부 가구의 배치를 바꾸는 것만으로도 비슷한 효과를 낼 수 있다.

○ 하나의 공간, 하나의 용도

가능하다면 하나의 습관이 일어나는 맥락을 다른 맥락과 섞지 말아야 한다. 한 공간이 여러 습관의 신호로 작용하면 이 중 가장 쉬운 습관을 계속 실행하게 된다. 이를테면 거실이 업무와 TV 시청의 공간이라면 항상 TV 시청을 택할 것이다. 이를 방지하기 위해 나는 언제나 한 가지 원칙을 따른다. 바로 '하나의 공간, 하나의 용도'란 원칙이다.

당신이 집중하고 있는 습관을 위해 완전히 새로운 공간을 만드는 것이 도움이 될지 생각해 보자. 새로운 공간을 찾는 것일 수도 있고 새로운 공간처럼 느껴지도록 현재의 공간을 재설계하는 것일 수도 있다.

습관: _____

새롭거나 다른 환경에서 수행한다면 이 습관이 더욱 촉진될까? 왜 그렇게 생각하는가?

_____
_____
_____
_____
_____
_____

만약 그렇다면 새로운 공간을 어떻게 만들 수 있을지 생각해 보자. 완전히 새로운 공간을 찾을 수 있는가? 그렇다면 어떤 모습인가? 완전히 새로운 공간을 만드는 것이 불가능하거나 불필요하다고 여긴다면 현재의 공간을 '하나의 공간, 하나의 용도' 원칙을 반영해 어떻게 재설계할 수 있을까?

습관:

새롭거나 다른 환경에서 수행한다면 이 습관이 더욱 촉진될까? 왜 그렇게 생각하는가?

만약 그렇다면 새로운 공간을 어떻게 만들 수 있을지 생각해 보자. 완전히 새로운 공간을 찾을 수 있는가? 그렇다면 어떤 모습인가? 완전히 새로운 공간을 만드는 것이 불가능하거나 불필요하다고 여긴다면 현재의 공간을 '하나의 공간, 하나의 용도' 원칙을 반영해 어떻게 재설계할 수 있을까?

> 자제력이 대단히 뛰어난 사람은 오히려 자제력을 발휘해야 할 일이 없다. 성공에 필수적인 인내와 투지, 의지력을 함양하기 위해서는 자기 규율적인 사람이 되기를 바라는 게 아니라 규율 잡힌 환경을 만들어야 한다.

이 글을 잠시 음미해 보자. 이 글에 담긴 의미를 당신의 삶과 습관에 어떻게 적용할 수 있을까? 이 글에서 무엇을 배울 수 있는가?

결론: 행동 변화의 첫 번째 법칙

지금껏 해온 훈련을 바탕으로 행동 변화의 첫 번째 법칙을 어떻게 활용해 습관을 분명하게 만들 것인지 정리해 보자. 당신에게 효과가 있었던 것과 없었던 것이 무엇인지 생각해 보고, 각 훈련들을 자유롭게 조합해 보라. 정해진 방식이 아닌 당신에게 맞는 방법을 찾아내는 게 목표다.

습관: _____

| 행동을 변화시키기 위해 첫 번째 법칙을 어떻게 활용하겠는가? |

_____

습관: _____

| 행동을 변화시키기 위해 첫 번째 법칙을 어떻게 활용하겠는가? |

_____

지금까지 기록한 내용을 살펴보고 이 전략들을 실행하는 데 매진하길 바란다. 앞으로 행동 변화의 나머지 세 가지 법칙을 적용하는 과정에서 이 전략들은 당신의 습관을 위한 토대가 되어 줄 것이다.

핵심 요약표: 행동 변화의 첫 번째 법칙

행동 변화의 첫 번째 법칙은 '분명하게 만들어라'이다.
습관을 만들고 싶다면 분명하게 만들어라.

핵심 원칙	훈련
강력하고 분명한 신호를 만들어라 • 새로운 습관을 유발하는 신호를 만들어라. 신호가 분명할수록 습관이 유발될 가능성이 크다. • 신호의 다섯 가지 유형, 즉 시간, 장소, 선행 사건, 감정 상태, 타인을 활용하라. • 구체적이고 즉시 실행 가능한 신호를 선택하라.	• 실행 의도를 활용하라: '나는 [언제] [어디서] [어떤 행동]을 할 것이다.' • 습관 쌓기를 활용하라: '[현재의 습관]을 하고 나서 [새로운 습관]을 할 것이다.' – 개별적 습관, 루틴, 큰 틀 쌓기를 활용하라. • 확인하고 외치는 전략으로 습관을 분명하게 만들어라.

환경을 설계하라
• 행동은 환경의 함수다.
• 신호가 최대한 분명하도록 환경을 설계하라.
  – 신호는 모든 감각으로 감지되지만 시각적 신호가 가장 강력하다.
  – 환경 곳곳에 신호를 여럿 배치하라.
• 새로운 공간에서 새로운 습관을 시작하는 것이 더 쉽다.
• 하나의 공간은 하나의 용도로 사용하라.
	• 좋은 습관의 신호가 분명하게 보이도록 환경을 재설계하라.
	• 새로운 습관을 실행할 새로운 공간을 선택하라.
	• 현재 환경 안에서 공간을 분리해 마련하라.

행동 변화의 첫 번째 역법칙은 '보이지 않게 만들어라'이다.
습관을 끊고 싶다면 보이지 않게 만들어라.

핵심 원칙	훈련
신호가 무엇인지 파악하고 이를 보이지 않게 만들어라	• 확인하고 외치는 전략을 활용해 신호를 파악하라.
나쁜 습관의 신호를 재설계하라	• 습관 쌓기를 활용해 기존의 신호를 재설계하라.
환경을 설계하라 • 행동은 환경의 함수다. • 신호가 최대한 보이지 않도록 환경을 설계하라.	• 나쁜 습관의 신호가 보이지 않도록 환경을 재설계하라.
자제력에 대한 오해 • 자제력의 비결은 자제력을 발휘하지 않아도 되는 환경에 있다. • 자제력이 높아 보이는 사람은 실제로는 유혹이 덜 한 환경에서 주로 머무는 것뿐이다.	• 나쁜 습관의 유혹을 피하려 에너지를 쓰지 말고 최대한 유혹이 없는 환경을 설계하라.

셀프 체크리스트

지금까지 잘 진행되고 있는가?

_____

_____

_____

> 과학자처럼 실패를 대하라. 모든 시도는 실험이며 모든 실수는 단서다. 당신은 실패한 게 아니다. 더욱 개선된 것이다.

전반적인 진행 상황을 어떻게 평가하겠는가?

    1   2   3   4   5   6   7   8   9   10

습관으로 당신이 구축하고자 하는 정체성이 강화되고 있는가?

_____

_____

_____

_____

지금까지의 노력으로 성취한 작은 승리를 한 가지 꼽자면 무엇인가?

_____

_____

_____

_____

무엇이 잘 진행되고 있는가? 무엇이 잘 진행되고 있지 않은가?

___

무엇이 당신을 가로막고 있는가? 이를 어떻게 극복할 계획인가?

___

무엇을 배웠는가?

___

남은 한 해 동안 꾸준하게 실천한다면

당신의 삶을 가장 크게 바꿀 습관 한 가지는 무엇인가?

두 번째 법칙,
매력적이어야 달라진다

 행동 변화의 두 번째 법칙 '매력적으로 만들어라'는 어떤 행동을 '하고 싶게' 만드는 열망의 단계에서 습관을 다루는 방법이다. 우리가 어떤 습관을 실행하려는 순간 열망이 작동하면서 그 습관을 행하면 바람직한 결과를 경험하는데, 이는 좋은 보상에 대한 '기대' 때문이다.

 주목할 사실은 우리를 행동하게 만드는 건 보상을 얻은 만족감이 아니라 보상에 대한 기대라는 점이다. 우리는 감자튀김이 맛있을 거라 기대하기에 감자튀김을 주문하고, 휴대폰 화면을 스크롤링하면 즐거울 거라 기대하기에 소셜 미디어 앱을 열며, 술을 마시면 몸과 마음이 편안해지고 행복해질 거라 기대하기에 잔에 술을 따른다.

 이것이 바로 두 번째 법칙의 힘이 작동하는 원리다. 우리는 열망하는 일을 한다. 어떤 행동이 매력적이고 유혹적일수록 그 행동을 하고 싶은 마음이 더욱 커진다. 다시 말해 하고 싶은 마음이 들어야 그 일을 하게 된다. 따라서 어떤 일을 했으면 좋겠다고 생각하면 먼저 그 일을 하고 싶어지도록 만들 방법을 찾아야 한다.

그림 6. 행동 변화의 두 번째 법칙 '열망'

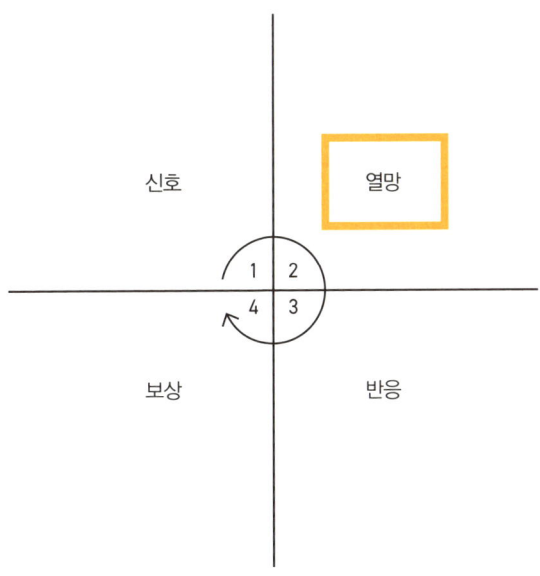

● **도파민 피드백 순환 고리**

도파민으로 형성되는 피드백 순환 고리는 이제 대부분 사람에게 익숙한 개념이다. 즉 우리가 즐거움을 경험할 때 우리의 뇌에서 도파민이 분비돼 이 즐거움을 다시 경험하고 싶게 만든다는 것이 골자다.

한편 연구를 통해 처음 즐거운 경험을 한 후에 뇌에서 도파민을 두 차례 분비한다는 사실이 드러났다. 바로 즐거움을 경험할 때와 즐거움을 '기대'할 때다. 열망이 강력한 힘을 발휘하는 이유도 이 때문이다. 보상에 대한 기대가 보상을 받는 것만큼, 아니 보상 자체보다도 더 강력하기 때문이다.

열망해야 그 일을 한다면 그 반대의 경우도 마찬가지일 것이다. 열망하지 않는 일을 향한 의욕을 끌어올리기는 매우 어렵다. 그래서 행동 변화의 두 번째 역법칙은 '매력적이지 않게 만들어라'이다. 어떤 행동을 멈추고 싶을 때는 그 행동을 매력적이지 않게 만들어 열망을 낮추면 그 일을 할 가능성이 훨씬 줄어든다.

이제부터는 두 번째 법칙과 역법칙을 활용해 습관을 형성하고 끊는 실용적인 전략을 살펴볼 것이다. 이어지는 훈련에서는 파트 1에서 택했던 습관(들)을 활용해도 좋고, 집중하고자 하는 새로운 습관을 택해도 좋다.

행동 변화의 두 번째 법칙:
습관을 만들고 싶다면 매력적으로 만들어라.
행동 변화의 두 번째 역법칙:
습관을 끊고 싶다면 매력적이지 않게 만들어라.

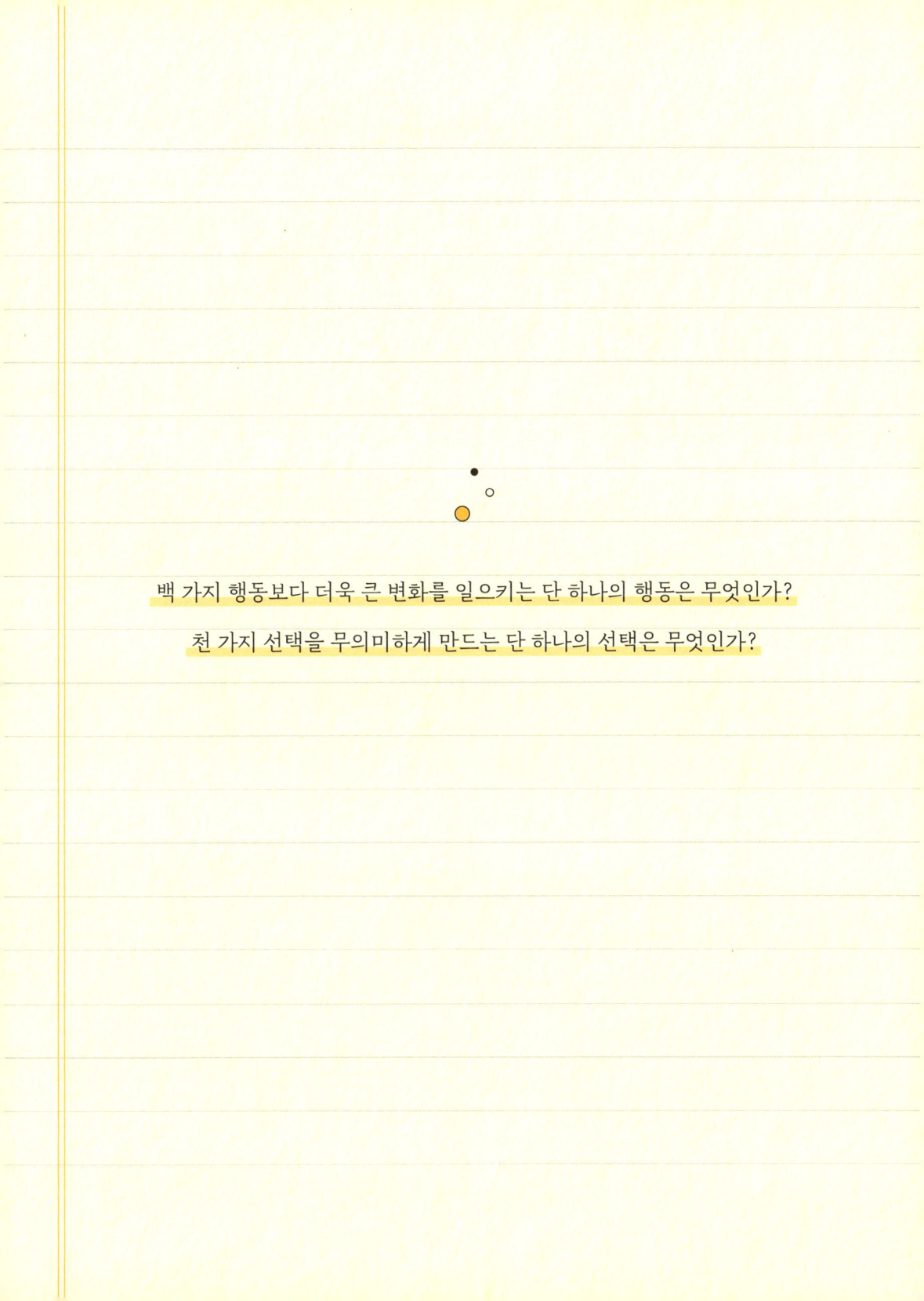

백 가지 행동보다 더욱 큰 변화를 일으키는 단 하나의 행동은 무엇인가?

천 가지 선택을 무의미하게 만드는 단 하나의 선택은 무엇인가?

필요한 습관과 원하는 습관을 짝지어라

새로운 습관을 만들려면 그 습관을 매력적으로 만들 방법을, 그리하여 우리가 자연스럽게 그 행동을 갈망하도록 만들 방법을 찾아야 한다. 문제는 우리가 만들려는 습관이 매력적이지 않을 때가 많다는 데 있다. 우리는 운동 루틴을 시작하거나 이메일에 더 빨리 답장할 때 경험하게 될 새로운 변화를 꿈꾸지만 이런 습관들 자체가 워낙 매력적이지 않다는 게 문제다.

　이 문제를 해결하는 방법으로는 당신이 이미 매력적으로 느끼는 습관에 새로운 습관을 묶는 '유혹 묶기'가 있다. 이 두 가지를 연결하면 연상 작용으로 새로운 습관을 열망하게 된다. 가령 팔굽혀펴기 운동을 하고자 하는데 TV를 시청하고 싶다면 드라마 한 편을 볼 때마다 팔굽혀펴기 10회를 하는 것이다. 이렇게 하면 팔굽혀펴기를 하면 TV를 볼 수 있다는 의미가 되기 때문에 운동을 하는 게 기대된다.

　'필요한' 습관과 '원하는' 습관을 묶을 때의 또 다른 장점은 시간이 지날수록 새로운 습관에 대한 긍정적인 연상이 형성된다는 것이다. 즉 얼마 후 두 습관을 분리해도 뇌는 새로운 습관을 여전히 긍정적으로 인지한다. TV 시청과 팔굽혀펴기를 어느 정도 묶어 둔 후에는 TV 시청이 없어도 팔굽혀펴기 자체를 열망하게 된다.

유혹 묶기를 훈련하려면 이미 있는 습관 중 매력적으로 느껴지는 습관이 무엇인지 찾아야 한다.

_____　　_____

_____　　_____

_____

이제 만들고 싶은 습관을 생각해 보고, 앞에 적은 매력적인 습관 중 하나를 선택해 두 선택을 묶어 보자.

새로운 습관: _____
매력적인 습관: _____

두 습관을 묶을 방법:
_____
_____
_____

일주일간 유혹 묶기를 실천해 보고 무엇을 느꼈는지 생각해 보자.

한 주 동안 실천한 소감: 유혹 묶기 덕분에 새로운 습관이 더욱 매력적으로 느껴지는가? 두 습관의 조합이 마음에 들었는가? 일주일간 실천해 보고 싶은 다른 매력적인 습관이 있는가?

_____
_____
_____
_____
_____

이미 있는 습관 중 매력적으로 느껴지는 습관을 찾아 보자.

_____   _____
_____   _____
_____   _____

이제 만들고 싶은 습관을 생각해 보고, 위에 적은 매력적인 습관 중 하나를 선택해 두 선택을 묶어 보자.

새로운 습관: _____
매력적인 습관: _____

두 습관을 묶을 방법:

_____
_____
_____
_____
_____

일주일간 유혹 묶기를 실천해 보고 무엇을 느꼈는지 생각해 보자.

한 주 동안 실천한 소감: 유혹 묶기 덕분에 새로운 습관이 더욱 매력적으로 느껴지는가? 두 습관의 조합이 마음에 들었는가? 일주일간 실천해 보고 싶은 다른 매력적인 습관이 있는가?

_____
_____
_____
_____
_____
_____
_____
_____

유혹 묶기를 실천하는 또 다른 방법으로는 앞서 첫 번째 법칙에서 훈련한 습관 쌓기와 결합하는 것이다. 이렇게 하면 행동을 이끄는 하나의 규칙 세트가 완성된다. 이 방법은 다음과 같이 진행된다.

1. [현재 습관]을 한 후, [내게 필요한 습관]을 한다.
2. [내게 필요한 습관]을 한 후, [내가 원하는 습관]을 한다.

현재 습관과 만들고 싶은 습관, 매력적인 습관을 활용해 어떻게 습관을 쌓아 갈 수 있을지 생각해 보자.

_____를 한 후, _____를 하고, 그런 뒤 _____를 할 것이다.

_____를 한 후, _____를 하고, 그런 뒤 _____를 할 것이다.

_____를 한 후, _____를 하고, 그런 뒤 _____를 할 것이다.

_____를 한 후, _____를 하고, 그런 뒤 _____를 할 것이다.

이 중 하나를 일주일간 실천해 보고 무엇을 느꼈는지 생각해 보자.

한 주 동안 실천한 소감: 습관 조합이 마음에 들었는가? 새로운 습관을 할 의욕이 더 생기는가? 덜 매력적인 습관과 묶을 매력적인 습관을 새로운 것으로 바꿔야 할 것 같은가?

_____

_____

_____

_____

_____

_____

_____

현재 습관과 만들고 싶은 습관, 매력적인 습관을 활용해 어떻게 습관을 쌓아 갈 수 있을지 생각해 보자.

_____를 한 후, _____를 하고, 그런 뒤 _____를 할 것이다.
_____를 한 후, _____를 하고, 그런 뒤 _____를 할 것이다.
_____를 한 후, _____를 하고, 그런 뒤 _____를 할 것이다.
_____를 한 후, _____를 하고, 그런 뒤 _____를 할 것이다.

이 중 하나를 일주일간 실천해 보고 무엇을 느꼈는지 생각해 보자.

한 주 동안 실천한 소감: 습관 조합이 마음에 들었는가? 새로운 습관을 할 의욕이 더 생기는가? 덜 매력적인 습관과 묶을 매력적인 습관을 새로운 것으로 바꿔야 할 것 같은가?

_____
_____
_____
_____
_____
_____

긍정적 감정을 불어넣는 동기부여 의식

습관의 매력도는 사실 만들거나 끊으려는 습관을 어떤 감정과 연계시키는가에 따라 달라진다. 습관이 긍정적인 감정과 연결되었다면 매력적으로 느껴지고, 부정적 감정과 연결되었다면 매력적이지 않게 느껴지는 것이다.

유혹 묶기는 새로운 습관을 긍정적인 감정과 연계시키는 한 가지 방법이다. 또 다른 방법으로는 동기부여 의식이 있다. 동기부여 의식은 긍정적인 감정과 연결된 어떤 활동을 뜻한다. 이 활동은 이미 긍정적인 감정과 연계되어 있기 때문에 새로운 습관을 행하기 전에 이 활동을 한다면 긍정적 감정이 새로운 습관으로 전이되어 더욱 매력적으로 느껴진다.

동기부여 의식을 습관에 적용하는 활동에는 두 가지 단계가 있다.

1단계

1. 행복, 의욕, 설렘 등 새롭게 만들고자 하는 습관과 연계하고 싶은 감정을 한 가지 정한다.

2. 이 감정을 깊이 안겨 주는 기존의 활동을 하나 선택한다. 반려견을 쓰다듬는 것일 수도 있고, 좋아하는 운동을 하는 것일 수도 있다.

3. 위의 활동을 하기 직전에 수행할 짧고 간단한 의식을 하나 만든다. 가령 심호흡을 두 번 하고 미소 짓기나 어깨돌리기와 제자리뛰기 등이 있다. 시각적 활동도 좋다. 짧은 만트라를 외는 것도 효과적이다. 어떤 의식을 할 것인지 아래에 적어 보자(네 단계 이하여도 된다).

1단계: _____
2단계: _____
3단계: _____
4단계: _____

4. 이 의식을 위에서 선택한 긍정적 활동과 함께 수행하는 훈련을 한다. 의식과 활동이 하나로 완전히 결합되어 긍정적인 감정을 불러올 때까지 훈련을 계속한다. 이제 긍정적 활동이 전해 주는 긍정적인 감정이 완전히 스며든 하나의 새로운 의식이 생긴 셈이다.

2단계

다음 단계는 이 의식을 새로운 습관에 적용하는 것이다. 예컨대 어려운 발표를 앞두고 침착함을 느끼고 싶다면, 발표 전에 침착한 감정과 연계된 의식을 수행하는 것으로 해당 감정을 불러올 수 있다.

의식을 만들고 이 의식을 당신이 만들고자 하는 습관에 적용한다. 이 전략이 자리 잡기까지는 시간이 걸리지만, 한번 어떤 의식에 특정 감정이 각인되고 나면 대단히 유용하게 활용할 수 있다.

의식을 습관에 어떻게 적용할지 생각해 보자.

_____

_____

_____

_____

1단계

1. 행복, 의욕, 설렘 등 새롭게 만들고자 하는 습관과 연계하고 싶은 감정을 한 가지 정한다.

_____

2. 이 감정을 깊이 안겨 주는 기존의 활동을 하나 선택한다. 반려견을 쓰다듬는 것일 수도 있고, 좋아하는 운동을 하는 것일 수도 있다.

_____   _____

_____   _____

3. 위의 활동을 하기 직전에 수행할 짧고 간단한 의식을 하나 만든다. 가령 심호흡을 두 번 하고 미소 짓기나 어깨돌리기와 제자리뛰기 등이 있다. 시각적 활동도 좋다. 짧은 만트라를 외는 것도 효과적이다. 어떤 의식을 할 것인지 다음 페이지에 적어 보자(네 단계 이하여도 된다).

1단계: _____
2단계: _____
3단계: _____
4단계: _____

4. 이 의식을 위에서 선택한 긍정적 활동과 함께 수행하는 훈련을 한다. 의식과 활동이 하나로 완전히 결합되어 긍정적인 감정을 불러올 때까지 훈련을 계속한다. 이제 긍정적 활동이 전해 주는 긍정적인 감정이 완전히 스며든 하나의 새로운 의식이 생긴 셈이다.

2단계

다음 단계는 이 의식을 새로운 습관에 적용하는 것이다. 예컨대 어려운 발표를 앞두고 침착함을 느끼고 싶다면, 발표 전에 침착한 감정과 연계된 의식을 수행하는 것으로 해당 감정을 불러올 수 있다. 의식을 만들고 이 의식을 당신이 만들고자 하는 습관에 적용한다. 이 전략이 자리 잡기까지는 시간이 걸리지만, 어떤 의식에 특정 감정이 한번 각인되고 나면 대단히 유용하게 활용할 수 있다.

의식을 습관에 어떻게 적용할지 생각해 보자.

_____
_____
_____
_____

재미있는 게 효과도 있는 법이다

습관을 더욱 매력적으로 만드는 또 다른 방법으로는 습관을 재미있게 만드는 것이다. 이로운 습관은 수고스러울 수밖에 없다고 생각할 때가 많다. 미래에는 보상으로 돌아오겠지만 현재는 고된 일이라고 생각하는 것이다.

문제는 좋은 습관은 즐겁지 않을 것이라는 기대가 열망에 반대되는 기제일뿐더러 이것이 좋은 습관을 익히는 데 실질적인 장애물이 된다는 점이다. 물론 덜 재미있는 습관과 재미있는 습관을 묶거나 동기부여 의식을 만드는 방법도 있지만, 덜 재미있는 습관을 가장 재미있는 버전으로 새롭게 구상해 볼 수도 있다. 열에 아홉, 재미있는 버전도 재미없는 버전만큼이나 당신에게 도움이 되는 것은 마찬가지고, 무엇보다 재미가 있을 때 지속할 가능성이 큰 만큼 결과적으로는 재미있는 버전이 훨씬 유익하다.

친구인 팀 페리스Tim Ferris가 명상 수련 습관을 만들 때 프린스Prince의 음악으로 해당 과정에 재미를 더했다는 이야기를 내게 들려준 적이 있다. 이 작은 전환 덕분에 그는 내내 지겹게 느꼈던 일이 즐겁고 설레는 일이 되었다고 했다.

어떤 습관이든 재미있는 버전이 있다. 운동량을 늘리고 싶지만 러닝이나 웨이트가 지루하다면 댄스 수업이나 친구들과의 하이킹을 택할 수 있다. 독서량을 늘리고 싶지만 논픽션은 따분하다면 스릴러나 로맨스 소설을 고를 수 있다.

다음 페이지에서 당신이 지금 집중하고 있는 습관을 떠올리며 이런 질문을 해보자. '여기에 재미를 더한다면 어떻게 달라질까?' 또는 '이 습관의 재미있는 버전은 무엇일까?' 그런 뒤 습관을 재미있게 만들 방법을 고민해 보길 바란다.

습관: _____

이 습관에 재미를 더한다면 어떻게 달라질까? 또 어떻게 해야 습관을 재미있게 만들 수 있을까?

_____
_____
_____
_____

습관의 재미있는 버전을 일주일간 실천해 본 뒤 소감을 적어 보자.

한 주 동안 실천한 소감: 재미를 더하자 습관이 더욱 매력적으로 느껴졌는가? 습관을 실천하고 싶은 마음이 더욱 커졌는가? 변화를 더한 뒤 다시 한번 시도해 보겠는가?

_____
_____
_____
_____

당신이 지금 집중하고 있는 습관을 떠올리며 이런 질문을 해보자. '여기에 재미를 더한다면 어떻게 달라질까?' 또는 '이 습관의 재미있는 버전은 무엇일까?' 그런 뒤 습관을 재미있게 만들 방법을 고민해 보길 바란다.

습관: _____

이 습관에 재미를 더한다면 어떻게 달라질까? 또 어떻게 해야 습관을 재미있게 만들 수 있을까?

_____
_____
_____
_____

습관의 재미있는 버전을 일주일간 실천해 본 뒤 소감을 적어 보자.

한 주 동안 실천한 소감: 재미를 더하자 습관이 더욱 매력적으로 느껴졌는가? 습관을 실천하고 싶은 마음이 더욱 커졌는가? 변화를 더한 뒤 다시 한번 시도해 보겠는가?

_____
_____
_____
_____

'내가 정말 원하는 건 무엇인가?'

습관을 끊기 위해 노력하는 경우라면 과제가 달라진다. 열망을 유발하는 게 아니라 그 습관을 하고 싶지 않도록 열망을 '제거'하는 것이 목표다. 이것이 행동 변화의 두 번째 역법칙, '매력적이지 않게 만들어라'이다.

> '내가 정말 원하는 것은 무엇인가?'라는 질문을 세 차례 해보고, 질문에 답할 때마다 전보다 개선되고 정제된 답을 떠올리기 위해 노력해 보자.

하지만 열망을 제거하기 위해서는 그 열망이 무엇인지부터 파악해야 한다. 그래야 정확히 그 열망을 겨냥해서 매력적이지 않은 것으로 만드는 과정을 시작할 수 있다.

○ 열망의 순간을 발견하기

열망의 순간을 포착하기는 어려울 수 있다. 깊이 뿌리내린 습관의 경우 열망이 자동으로 생겨나기 때문에 행동으로의 전환이 대단히 빨라서 그 순간을 찾아 잠시 멈추기가 어렵다. 어렵게 느끼는 게 당연하니 걱정하지 말고 계속 시도하길 바란다.

한 가지 도움이 될 만한 사실은 열망이 신호에 따라 촉발된다는 점이다. 즉 열망 찾기의 과정은 앞에서 다룬 신호 찾기 과정과 함께 진행할 수 있다. 확인하고 외치기 등의 기법을 이용해 신호를 인식하고 당신이 경험하고 있는 열망을 기록해 보자. 말하자면 신호 알아차리기와 열망 알아차리기라는 하나의 습관 쌓기를 만드는 셈이다.

당신이 끊고자 노력 중인 습관이 하고 싶어지는 순간이 찾아오면 이를 인식하고 잠시 멈춰라. 보통은 해당 습관을 실행하기 직전이다. 그런 뒤 그 순간의 생각, 감정, 신체 감각 등 알아차린 모든 것을 아래에 적어 보자. 지금 이 단계에서는 무언가를 고치려 하지 말아야 한다. 목표는 관찰이다.

습관: _____
열망의 순간: _____
_____
_____
_____
_____
_____

습관: _____
열망의 순간: _____
_____
_____
_____
_____
_____

이제 습관을 관찰하며 적은 내용을 살펴보고 생각해 보자. 그 순간 당신은 무엇을 열망하고 있었는가? 다시 말해서 왜 그 습관을 행하고 싶었는가? 여기에는 보통 두 단계의 열망이 자리한다. 표면적 열망과 더욱 깊은 열망이다. 이 두 가지 모두를 파악해서 다음 페이지의 표에 적어 보자.

○ 열망의 단계들

겉으로 드러나는 표면적 열망은 대단히 단순하게 느껴질 수 있지만(담배를 피우고 싶어서 담배를 열망한다) 진짜 열망은 그 아래 자리한 더욱 깊은 감정이다. 예컨대 스트레스를 줄이고 싶다거나 신체적 불편함을 줄이고 싶다는 감정일 수 있다. 우리가 무엇인가를 열망할 때 사실 우리는 내적 상태를 바꾸고 싶다는, 즉 다른 감정을 느끼고 싶다는 욕구를 경험할 때가 많다. 어떤 습관을 행할 때 우리가 바라는 변화를 얻을 수 있다고 기대하는 것이다.

이 깊은 열망을 파악하기 위해서는 다음과 같은 질문을 해야 한다. 그 습관을 행할 때 무엇이 달라지리라 생각하는가? 대답은 보통 감정일 것이다. 더 차분해질 것 같고, 더 연결된 기분을 느낄 것 같고, 더 수용받는 기분을 느낄 것 같다는 식이다.

깊은 열망을 파악하면 이를 없앨 수 있는 도구를 얻을 수 있을 뿐만 아니라 정말 우리가 갈망하는 것이 무엇인지 이해하고 더 건강하고 긍정적인 방식으로 이 욕구를 충족시킬 수 있다.

촉진되는 습관	표면적 열망	더 깊은 열망

촉진되는 습관	표면적 열망	더 깊은 열망

마인드셋 전환으로 나를 설득하라

끊고 싶은 습관을 매력적이지 않게 만드는 한 가지 방법은 마인드셋의 전환이다. 앞서 살펴봤듯이 우리는 어떤 습관이 이익을 가져올 것이라 기대하기 때문에 그 습관을 열망한다. 하지만 마인드셋을 전환해서 그 습관이 사실은 그런 이익을 가져다주지 않는다고 자신을 설득하면 습관을 행할 이유 자체가 사라진다.

마인드셋을 전환하기 위해서는 끊고자 하는 습관을 왜 열망하는지 이유를 생각해 봐야 한다. 그런 뒤 해당 습관이 사실 이 열망을 충족하는 데 효과적인지 않은 이유도 적어 본다. 그다음에는 이 습관을 행하지 않을 때 어떤 이점이 있는지 적는다. 이 습관을 하지 않을 때 긍정적인 측면은 무엇인가? 목표는 습관을 행할 때의 매력도는 낮추고 습관을 행하지 않을 때의 매력도는 높이는 것이다.

습관: _____

열망	열망이 효과적으로 충족되지 않는 이유	습관을 행하지 않을 때의 이점

습관: _____

열망	열망이 효과적으로 충족되지 않는 이유	습관을 행하지 않을 때의 이점

마인드셋의 전환은 습관을 끊는 데만 효과가 있는 게 아니라 습관을 만들 때도 강력한 도구로 활용할 수 있다. 마인드셋 전환으로 나쁜 습관을 매력적이지 않게 만들 수 있듯이 좋은 습관(특히 어려운 습관)을 더욱 매력적으로 만들 수도 있는데, 이는 긍정적인 감정과 연결하는 방법을 통해서 가능하다.

비결은 화법을 바꿔 어려운 습관에 대해 부정보다는 긍정을 강조하는 것이다. "아침에 일어나서 러닝하러 나가야 해."가 아니라 "지금은 내 몸을 돌보는 시간이야."라고 말하는 것이다. "이번 달에는 돈을 아껴야 해."가 아니라 "나는 지금 재정적 안정과 자유를 만들어 나가는 중이야."라고 말한다.

다음 표에서 마인드셋 전환을 시도해 보자.

습관: _____

부정적인 마인드셋	긍정적인 마인드셋

습관: _____

부정적인 마인드셋	긍정적인 마인드셋

열망을 새로운 습관으로 대체하기

어떤 습관을 행할 때마다 우리는 앞서 언급한 내적 상태의 변화를 통해 문제를 해결하려고 한다. 열망이 '문제'라면 습관이 '해결책'인 셈이다. 습관을 실행하면 당신이 바라는 방식으로는 아닐지라도 문제는 처리된다. 하지만 습관이 나쁘다고 해서 그 열망이 나쁘다거나 무시해야 한다는 뜻은 아니다. 사랑받고 싶다거나, 침착함을 느끼고 싶다거나, 연결된 기분을 느끼고 싶다는 감정은 자연스러울 뿐 아니라 마땅히 관심을 기울여야 할 욕구다.

마음속에서 솟아오르는 열망을 단순히 무시하려고만 하는 태도는 문제를 해결하는 데 결코 효과적이지 않다. 결국은 그 열망을 해소하기 위해 당신이 과거에 택했던 해결책(나쁜 습관)을 또다시 집어 들 수도 있다.

따라서 그 열망을 억누르기보다는 해소할 수 있도록 더욱 나은 습관으로 대체하는 것이 현명하다. 일상에서 스트레스를 받을 때면 핸드폰 화면을 스크롤링하는가? 핸드폰 화면을 스크롤링하고 싶은 충동이 일 때면 잠시 스트레스 볼을 손에 쥐거나 5분 명상을 할 수도 있다. 일하다 휴식을 취하기 위해 커피를 마시는 빈도가 너무 잦은가? 그렇다면 휴식 시간은 그대로 두되 커피를 물이나 차, 풍미가 어우러진 탄산수로 대체할 수도 있다.

다음 표에 끊고자 하는 습관에 내재된 열망이 무엇인지 적어 보자. 그리고 그 열망이 솟아오르는 순간에 이를 더욱 나은 방식으로 처리할 대안을 적어 보자.

열망(문제)	현재 습관	대체 습관(새로운 습관)

이 열망을 느끼는 순간이 찾아오면 대체 습관을 해보길 바란다. 일주일간 실천해 보고 무엇을 느꼈는지 생각해 보자.

한 주 동안 실천한 소감: 새로운 습관으로 열망이 해결되었는가? 효과가 있었던 것은 무엇이고, 어려웠던 점은 무엇인가? 열망을 포착하는 방식을 바꿔 다른 열망이 있는 것은 아닌지 살펴봐야 하는가? 아니면 대체 습관을 다른 것으로 바꿔야 하는가?

_____
_____
_____
_____
_____
_____
_____

끊고자 하는 습관에 내재된 열망이 무엇인지 적어 보자. 그리고 그 열망이 솟아오르는 순간에 이를 더욱 나은 방식으로 처리할 대안을 적어 보자.

열망(문제)	현재 습관	대체 습관(새로운 습관)

이 열망을 느끼는 순간이 찾아오면 대체 습관을 해보길 바란다. 일주일간 실천해 보고 무엇을 느꼈는지 생각해 보자.

한 주 동안 실천한 소감: 새로운 습관으로 열망이 해결되었는가? 효과가 있었던 것은 무엇이고, 어려웠던 점은 무엇인가? 열망을 포착하는 방식을 바꿔 다른 열망이 있는 것은 아닌지 살펴봐야 하는가? 아니면 대체 습관을 다른 것으로 바꿔야 하는가?

_____
_____
_____

'우리'가 '나'의 습관에 미치는 힘

첫 번째 법칙을 활용할 때 물리적 환경이 핵심 요인이었듯, 두 번째 법칙에서는 사회적 환경이 핵심이다. 사회적 바람직성social desirability, 즉 사회적으로 바람직하다고 여겨지는 방향으로 행동하는 경향이 습관의 매력도를 결정하는 가장 큰 요인이기 때문이다.

> 우리가 속한 문화에 따라서 어떤 행동이 매력적인지가 달라진다.

인간은 본래 사회적 동물이다. 무리에 어울리고 싶고, 소속감을 느끼고 싶고, 또래의 인정과 존경을 받고 싶은 욕구는 이루 말할 수 없이 크다. 즉 우리의 사회적 환경, 우리가 인정받고자 하는 사람들과 집단이 우리의 습관에 막대한 영향력을 미친다는 뜻이다. 그래서 우리는 우리가 속한 집단과 가까운 사람들이 중요하게 여기고 당연하게 생각하는 행동을 더 하게 된다. 바에서 자주 만남을 갖는 친구들을 두었다면 술을 자주 마시게 된다. 러닝 클럽에 속해 있다면 러닝에 많은 시간을 쓸 것이다. 이는 당신이 스스로 가치를 평가해 이런 습관을 행한다기보다는 집단이 그 일을 가치 있게 여기기 때문에 따르는 것이다.

사회적 압력이 전례 없이 강력해진 소셜 미디어 시대에는 이 개념을 이해하는 것이 특히 중요해졌다. 타인이 지금 이 시간에 무엇을 하는지, 우리가 소셜 미디어에 올린 콘텐츠에 이들이 어떤 반응을 보이는지가 우리에게 막대한 영향을 미치는 시대다. 따라서 이런 영향력이 우리의 행동과 선택에 어떻게 작용하는지 파악하는 건 상당히 중요하다.

즉 사회적 환경은 습관을 좌우하는 가장 강력한 힘 중 하나라는 뜻이다. 당신이 속한 집단에서 어떤 습관이 일반적인 행동이라면 그 습관을 당연하게 행할 것이다. 반대로 집단에서 어떤 행동이 규범이 아니라면 그 행동을 하기가 어려울 것이다. 집단의 규범에 반해 행동을 변화시키기란 대단히 힘든 일이다.

하지만 이를 이용해서 습관을 만들거나 끊을 때 사회적 환경이라는 지렛대를 유리하게 활용할 수도 있다. 당신이 원하는 습관을 실천하는 집단에 합류하고 당신이 원치 않는 습관을 행하는 집단과는 거리를 두는 것이다. 아주 간단하다. 이처럼 습관을 기준으로 당신을 둘러싼 사회적 환경을 설계한다면 당신이 원하는 성공으로 가는 길에 성큼 다가갈 것이다.

당신은 어떤 습관의 집단에 속하는가

습관을 뒷받침하는 사회적 환경을 설계하기에 앞서 자신이 현재 속해 있는 사회적 환경을 평가하는 것이 중요하다. 그래야 어떤 변화가 필요한지 판단하는 데 필요한 정보를 얻을 수 있다. 여기에 제시된 질문들은 집단의 행동이나 가치의 옳고 그름을 평가하는 것이 아니라 현상을 파악하기 위함이며, 긍정적인 면과 부정적인 면 모두 확인하는 자리임을 명심하길 바란다.

당신은 어떤 집단에 속해 있는가? 그 집단이 장려하는/보상하는/가치 있게 여기는 습관은 무엇인가? 그 집단은 어떤 습관을 어떤 식으로 장려하거나 규범화하는가? 여기서 집단을 가까운 사람, 다수, 유력자로 분류해 생각해 보길 바란다. 또한 집단은 다양한 형태를 띠는데, 몇 가지 예를 들면 공식적 활동 집단, 친구 집단, 가족, 동료, 정체성 기반 공동체 등이 있다.

집단	가치 있게 여기는 습관 또는 규범화하는 습관	이를 어떻게 보여 주는가?

○ 우리에게 영향을 미치는 사람들은 누구인가?

우리는 특히 다음 세 집단의 습관을 모방한다. 따라서 성공을 위한 사회적 환경을 설계할 때는 이 세 집단을 고려해야 한다.

가까운 사람: 자신도 모르게 가까운 주변 사람들을 모방한다.
다수: 옳지 않다고 여길 때도 집단의 합의를 따른다.
유력자: 유력자들이 지닌 힘을 갖고 싶어 하는 우리는 이들을 모방한다.

당신이 속한 공동체는 당신의 습관에 어떤 영향을 미치는가?

공동체의 일원이 된 후 당신의 습관이 어떻게 달라졌는가?

당신이 속한 집단은 당신의 목표와 가치에 어떤 영향을 미치는가?

당신은 어떤 집단과 함께 있을 때 최고의 기분을 느끼는가?

당신이 속한 집단 가운데 당신이 만들고자 하는 습관에 해로운 영향을 미치는 집단이 있는가?

습관을 바꾸는 일이 집단에 도전하는 일이 될 때

변화는 매력적이지 않게 느껴진다.

습관을 바꾸는 일이 집단에 부합하는 일이 될 때

변화는 대단히 매력적으로 느껴진다.

습관에 에너지를 불어넣는 사회 환경 설계하기

만들고자 하는 습관에 힘을 실어 주고 끊고자 하는 습관에는 힘을 실어 주지 않는 사회적 환경을 어떻게 설계하는지 알아보자.

사회적 환경을 평가한 답변을 바탕으로 자신이 속한 집단을 심도 있게 살펴보자. 집단의 규범과 가치가 당신이 바라는 행동 변화에 실제로 힘을 실어 주는가? 혹은 그렇지 못한 집단이 있는가? 아직 합류하지 않았지만 당신의 행동 변화를 장려할 다른 집단이 있는지도 생각해 보자.

습관: _____

당신의 행동 변화를 지지하는 현 집단	
당신의 행동 변화를 지지하지 않는 현 집단	
당신의 행동 변화를 지지해 줄 다른 집단	

이 내용을 바탕으로 행동 변화에 힘을 싣기 위해 합류하고 싶은 집단이 있는가? 있다면 어떻게 진행할 것인지 계획을 세워 보자. 예를 들면 집 근처에 러닝 모임이 있는지 알아볼 수 있다.

행동 변화에 힘을 실으려면 거리를 두어야 할 집단이 있는가? 있다면 이를 어떻게 진행할 것인지 계획을 세워 보자.

습관:

당신의 행동 변화를 지지하는 현 집단	
당신의 행동 변화를 지지하지 않는 현 집단	
당신의 행동 변화를 지지해 줄 다른 집단	

이 내용을 바탕으로, 행동 변화에 힘을 싣기 위해 합류하고 싶은 집단이 있는가? 있다면 어떻게 진행할 것인지 계획을 세워 보자. 예를 들면 집 근처에 러닝 모임이 있는지 알아볼 수 있다.

___

행동 변화에 힘을 실으려면 거리를 두어야 할 집단이 있는가? 있다면 이를 어떻게 진행할 것인지 계획을 세워 보자.

___

에너지를 주는 관계 vs. 에너지를 뺏는 관계

지원의 원칙은 집단에만 적용되는 것이 아니다. 연인, 친구, 가족, 동료 등 인간관계에도 똑같이 적용된다. 우리가 바라는 행동 변화를 지지하거나 지지하지 않는 관계를 파악한다면 습관을 더욱 매력적으로 만들 수 있다.

> 오늘 사귀는 친구가 내일 당신의 습관을 결정한다.

당신의 일상에 가장 큰 영향을 미치는 관계 3~5가지는 무엇인가?

_____
_____
_____
_____
_____

당신의 기운을 앗아가는 관계는 무엇인가? 당신에게 에너지를 주는 관계는 무엇인가?

_____
_____
_____
_____
_____

누구와 함께할 때 당신이 가장 되고 싶은 자신의 모습에 가까워지는가?

___

당신이 삶에서 이루고자 하는 행동 변화에 최고의 지원을 해주는 관계는 무엇인가?

___

당신의 습관에 해로운 영향을 미치는 관계가 있는가? 있다면 이 관계를 어떻게 풀고 싶은가?

___

지금까지 쓴 내용을 바탕으로 당신이 집중하고 싶은 습관을 적고, 당신의 행동 변화 여정을 가장 크게 지지해 줄 사람은 누구이고 어떤 지원을 받고 싶은지 적어 보자.

습관: _____

당신을 지원해 줄 사람은 누구인가?	
이들은 당신에게 어떤 지원을 해줄 수 있는가?	

습관: _____

당신을 지원해 줄 사람은 누구인가?	
이들은 당신에게 어떤 지원을 해줄 수 있는가?	

결론: 행동 변화의 두 번째 법칙

지금껏 해온 훈련을 바탕으로 행동 변화의 두 번째 법칙을 어떻게 활용해 습관을 매력적으로 만들 것인지 정리해 보자. 당신에게 효과가 있었던 것과 없었던 것이 무엇인지 생각해 보고, 각 훈련들을 자유롭게 조합해 보길 바란다. 정해진 방식이 아니라 당신에게 맞는 방법을 찾아내는 게 목표다.

습관: _____

행동 변화에 힘을 싣기 위해 두 번째 법칙을 어떻게 활용하겠는가?

_____

습관: _____

행동 변화에 힘을 싣기 위해 두 번째 법칙을 어떻게 활용하겠는가?

_____

지금까지 기록한 내용을 살펴보고 이 전략들을 실행하는 데 매진하길 바란다. 앞으로 행동 변화의 나머지 두 가지 법칙을 적용해 나가는 과정에서 이 전략들은 당신의 습관을 위한 토대가 되어 줄 것이다.

핵심 요약표: 행동 변화의 두 번째 법칙

행동 변화의 두 번째 법칙은 '매력적으로 만들어라'이다.
습관을 만들고 싶다면 매력적으로 만들어라.

핵심 원칙	훈련
열망을 만들어라 • 습관은 긍정적인 감정과 연계시킬 때 매력적인 것이 된다. • 새로운 습관은 아직 긍정적인 감정과 연결성을 갖추지 못했으므로 습관을 열망하는 대상으로 만들어야 한다.	• 유혹 묶기를 활용하라. 당신에게 필요한 행동을 당신이 원하는 행동과 묶어라. • 습관을 재미있게 만들어라. • 동기부여 의식을 만들어라. • 마인드셋을 전환하라. 좋은 습관을 수행할 때 경험하는 이점에 초점을 맞춰라.
사회적 환경을 설계하라 • 우리의 사회적 환경, 즉 우리가 속한 집단과 맺고 있는 관계는 습관의 매력도를 결정하는 가장 큰 요인이다.	• 습관 변화에 힘을 실어 주는 사회적 환경을 설계하라. • 당신이 바라는 행동이 일반적인 행동인 집단에 합류하라.

행동 변화의 두 번째 역법칙은 '매력적이지 않게 만들어라'이다.
습관을 끊고 싶다면 매력적이지 않게 만들어라.

핵심 원칙	훈련
열망을 포착하라 • 나쁜 습관을 열망하는 이유를 파악해야 이 열망을 해결할 수 있다. • 습관은 열망의 해결책이다. 열망을 파악한다면 더 나은 해결책을 찾을 수 있다.	• 확인하고 외치는 전략으로 열망이 솟아오르는 순간을 인식할 수 있다. • 열망을 충족시킬 대체 습관을 찾아라.
나쁜 습관을 매력적이지 않게 만들어라	• 마인드셋을 전환하라. 나쁜 습관을 피할 때 경험하는 이점에 초점을 맞춰라.
사회적 환경을 설계하라 • 우리의 사회적 환경, 즉 우리가 속한 집단과 맺고 있는 관계는 습관의 매력도를 결정하는 가장 큰 요인이다.	• 습관 변화에 힘을 실어 주는 사회적 환경을 설계하라. • 나쁜 습관을 활성화하는 집단과 거리를 두고, 나쁜 습관을 변화시키는 데 도움을 주는 집단에 합류하라.

셀프 체크리스트

> 작은 실수를 비판하는 만큼 작은 승리를 음미하라.

지금까지 잘 진행되고 있는가?

_____

_____

_____

전반적인 진행 상황을 어떻게 평가하겠는가?

    1   2   3   4   5   6   7   8   9   10

습관으로 당신이 구축하고자 하는 정체성이 강화되고 있는가?

_____

_____

_____

_____

지금까지의 노력으로 성취한 작은 승리를 한 가지 꼽으면 무엇이 있는가?

_____

_____

_____

_____

무엇이 잘 진행되고 있는가? 무엇이 잘 진행되고 있지 않은가?

무엇이 당신을 가로막고 있는가? 이를 어떻게 극복할 계획인가?

무엇을 배웠는가?

현재의 습관으로 내가 바라는 미래에 도달할 수 있는가?

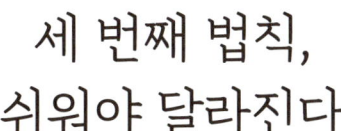

세 번째 법칙,
쉬워야 달라진다

행동 변화의 세 번째 법칙 '하기 쉽게 만들어라'는 습관이 실제로 실행되는 순간, 즉 반응의 단계에서 습관을 다루는 방법이다. 흔히 우리는 동기가 우리의 행동을 결정한다고 생각한다. 습관을 실행하는 데 어려움을 겪으면 동기가 부족하다며 자신을 책망하는 것이다. 하지만 이런 생각은 인간의 심리를 고려하지 않은 것이다. 진화적으로 우리는 최소 노력의 법칙 law of least effort를 따르도록 설계되었다. 두 가지 유사한 선택지 중에서 에너지를 가장 적게 들이고 가장 큰 가치가 발생하는 선택지로 기운다. 즉 우리는 쉬운 것을 택하는 성향이 내재되어 있다.

따라서 습관의 실행 여부를 가르는 결정적인 요인은 동기가 아니라 마찰, 즉 얼마나 쉽게 실행할 수 있는가다. 물론 강한 동기가 있다면 대단히 어려운 행동도 해낼 수 있지만 동기는 에너지가 많이 들고 변동성을 피할 수 없다. 동기에만 의지해 습관을 만들려고 한다면 결국에는 실패할 가능성이 크다. 하지만 습관을 쉽게 만들면 동기가 낮을 때도 성공할 수 있다.

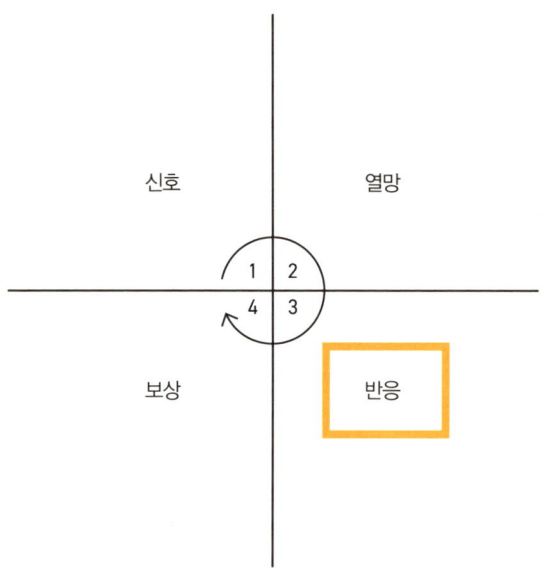

그림 7. 행동 변화의 세 번째 법칙 '반응'

이것이 행동 변화의 세 번째 법칙으로, 단순하지만 강력한 방법이다. 습관을 만들려면 습관을 하기 쉽게 만들어야 한다. 그 반대도 마찬가지다. 습관을 끊으려면 습관을 어렵게 만들어야 한다. 다시 말해서 원하는 행동을 하게 만드는 핵심은 그 행동을 하기 쉽게 만드는 것이다. 원치 않는 행동을 멈추는 핵심은 그 행동을 하기 어렵게 만드는 것이다.

이제부터 세 번째 법칙과 역법칙을 활용해 습관을 만들고 끊는 실용적인 전략을 살펴보자. 이어지는 훈련에서는 파트 1에서 택했던 습관(들)을 활용해도 좋고, 집중하고자 하는 새로운 습관을 택해도 좋다.

○ 습관 한계선

행동이 자동화되면 습관이 된다. 습관 한계선 habit line 이라고 하는 임계점은 일정 기간의 수행으로 도달하는 게 아니라 일정 횟수의 수행으로 도달한다. 습관은 빈번한 반복으로 만들어진다. 다시 말해 습관을 만들고 싶다면 연습을 해야 한다.

바로 이것이 세 번째 법칙이 중요한 또 다른 이유다. 습관을 만들려면 아주 많이 반복해야 하기 때문이다. 이 반복을 보장하는 최고의 방법은 습관을 가능한 한 하기 쉽게 만드는 것이다.

행동 변화의 세 번째 법칙:
습관을 만들고 싶다면 하기 쉽게 만들어라.
행동 변화의 세 번째 역법칙:
습관을 끊고 싶다면 하기 어렵게 만들어라.

일단 시작하게 하는 힘, 2분 규칙

행동을 바꾸려 할 때 가장 흔하게 저지르는 실수는 시작부터 너무 많은 일을 하려고 하는 것이다. 의욕에 차올라 마라톤 훈련을 시작하거나, 하루 한 시간 명상을 수련하거나, 매주 책을 한 권 읽겠다고 덤비기 쉽다. 이 습관들이 아무리 긍정적일지라도 이런 접근으로는, 특히 처음 시도하는 습관이라면 장기적으로 지속하기 어렵다. 한 번도 러닝을 해본 적 없는 사람이 처음부터 10킬로미터 훈련을 시작한다면 곧바로 번아웃을 경험하고 러닝을 포기할 것이다.

> 최고의 날에만 해낼 수 있는 계획을 세우기보다는 최악의 날에도 해낼 수 있도록 설계하라.

행동 변화를 계획할 때는 습관의 가장 쉬운 버전으로(당신이 실제로 할 수 있는 형태로) 시작해 점차 규모를 키워 가야 한다. 삶에 대대적인 변화를 줄 생각에 들떠 있다면 이런 접근법을 수용하기가 어려울 수 있다. 하지만 아무리 완벽한 습관이라도 실제로 시작하기 어렵다면 아무런 소용이 없다. 반면에 완벽하지 않은 시작은 개선될 수 있다는 점을 명심하라. 지속할 수 있는 습관이 지속할 수 없는 습관보다 당신에게 더욱 유익하게 작용할 것이다. 지금 바로 시작하라. 최적화는 다음 문제다.

● 정체성 중심의 습관을 강화하기

습관의 2분 버전은 규모는 작을지라도 당신이 만들고자 하는 정체성을 강화한다. 그리고 행동 변화를 유도하는 정체성 - 습관 피드백 순환 고리를 가동하는 데 도움을 준다.

대부분이 작게 시작해야 한다는 것을 알면서도 감당하기 어려울 정도로 일을 크게 벌이기 쉽다. 여기에 대응하는 가장 좋은 방법은 '2분 규칙'을 활용하는 것이다. 이 규칙은 새로운 습관을 시작할 때 그 일을 2분 이하로 하라는 것이다. 새로운 습관이 하나의 도전처럼 느껴져서는 안 된다. 핵심은 습관을 2분 이하로 할 때 반복할 가능성이 크다는 것이다. 일단 한번 시작하고 나면 계속 하게 된다. 이렇게 첫발을 떼면 자신이 원하는 습관으로 점차 굳혀 갈 수 있다.

연습을 위해 습관의 이상적인 버전을 적어 보고 어떻게 하면 이를 2분 버전의 습관으로 만들 수 있을지 생각해 보자. 아주 작게 생각하는 것이 핵심이다. 습관의 규모를 줄일 수도 있지만(예를 들면 20쪽 독서가 아닌 1쪽 독서) 오래 유지하기 위해 습관의 시작 단계만 실행하는 방식으로 접근할 수도 있다. 실제로 헬스장에 가지 않고 운동복만 입어 보는 것처럼 말이다.

습관 _____

이상적인 버전	2분 버전

이제 2분 버전의 습관을 하나 고른 후 일주일간 실천해 보자. 그런 뒤 실천하면서 느낀 소감을 적어 보자.

한 주 동안 실천한 소감: 어땠는가? 이 2분 습관을 꾸준히 지킬 수 있었는가? 약간 수정해서 다시 한번 시도해 보겠는가?

습관:

이상적인 버전	2분 버전

이제 2분 버전의 습관을 하나 고른 후 일주일간 실천해 보자. 그런 뒤 실천하면서 느낀 소감을 적어 보자.

한 주 동안 실천한 소감: 어땠는가? 이 2분 습관을 꾸준히 지킬 수 있었는가? 약간 수정해서 다시 한번 시도해 보겠는가?

성급한 마음에 2분을 초과한다면

2분 버전의 습관을 계획하고 지키려 해도 대체로 더 난도가 높은 버전으로 슬금슬금 넘어가기 쉽다. 때로는 2분 규칙이 속임수처럼 느껴질 수 있다. 진짜 목표는 사실 습관을 2분 이상 지속하는 것인 만큼 2분은 그저 시작을 돕는 심리적 장치일 뿐이고 계속 이어 가는 게 옳다는 생각이 드는 것이다. 하지만 이때의 문제는 더 빨리 나아가고 싶다는 심리 때문에 습관을 힘들이지 않고 수행하게 해주는 2분 규칙의 강점이 약해져서 도리어 습관을 행하기가 더욱 어려워진다는 것이다.

> 당신이 가능한 것보다 더 적게 하되 전보다 더 꾸준히 하라.

만약 이런 경우가 생긴다면 2분 타이머를 설정하고 알람이 울리면 그 행동을 얼마나 완수했든 손을 떼도록 하자. 일로 느껴지는 지점 직전에 멈춰야 긍정적인 피드백 순환 고리가 형성되고 해당 습관을 반복할 가능성이 커진다.

습관을 재미있게 만들어 규모를 키워 가라

습관을 가장 쉽고도 실행 가능한 형태로 축소하는 방법 한 가지는 습관을 재미있게 만드는 것이다. 습관의 재미있는 버전을 찾아내면 습관이 매력적으로 느껴질 뿐 아니라 더 쉽게 느껴지는 효과도 경험할 수 있다. 운동을 시작하려 하지만 러닝은 노동처럼 느껴진다면 댄스 수업에 등록할 수도 있다. 신나는 음악과 수강생들, 정해진 운동 시간 덕분에 지속하기가 쉬워지고 즐거움도 커진다.

재미있는 버전이 행동 변화의 한 전략이 될 수도 있다. 또는 2분 규칙처럼 첫발을 떼는 전략으로 재미있는 버전을 활용하고, 이 버전이 자리를 잡은 후에 처음 계획했던 이상적인 버전으로 습관의 규모를 확장할 수도 있다. 댄스 수업으로 시작한 뒤 일주일에 몇 차례 몸을 움직이는 패턴이 잡히면 야외에서 러닝을 하는 수업으로 바꾸는 식이다. 규칙적으로 몸을 움직이는 데 익숙해졌고 심폐지구력도 향상된 후이므로 예전보다 러닝이 쉽고 즐거울 것이다.

아래에 습관의 이상적인 버전을 적은 후 이를 어떻게 재미있는 버전으로 만들 수 있을지 생각해 보자. 쉽고 즐거울수록 그 습관을 지속할 가능성이 커진다.

습관:

이상적인 버전	재미있는 버전

이제 재미있는 버전을 하나 고른 후 일주일간 실천해 보자. 그런 뒤 실천하면서 느낀 소감을 적어 보자.

한 주 동안 실천한 소감: 어땠는가? 재미있는 버전의 습관을 꾸준히 지킬 수 있었는가? 약간 수정해서 다시 한번 시도해 보겠는가?

_____
_____
_____

· ·

습관: _____

이상적인 버전	재미있는 버전

이제 재미있는 버전을 하나 고른 후 일주일간 실천해 보자. 그런 뒤 실천하면서 느낀 소감을 적어 보자.

한 주 동안 실천한 소감: 어땠는가? 재미있는 버전의 습관을 꾸준히 지킬 수 있었는가? 약간 수정해서 다시 한번 시도해 보겠는가?

___

___

___

> 정말로 힘든 것은 일이 아니라 시작하는 것이다. 일단 시작하고 나면 그 일을 계속하는 게 덜 고통스러울 때가 많다. 초반에는 습관의 행동을 제대로 하고 있는지를 걱정하기보다는 우선 시작하는 습관을 들이는 것이 더 중요한 이유도 바로 여기에 있다.

이 글을 잠시 음미해 보자. 이 글에 담긴 의미를 당신의 삶과 습관에 어떻게 적용할 수 있을까? 또 이 글에서 무엇을 배울 수 있는가?

___

___

___

___

___

___

___

어제보다 더 나은 나를 만드는 습관 굳히기 기법

첫발을 뗄 때는 습관의 쉬운 버전이 매우 중요한 역할을 하지만 우리가 장기적으로 지속하고자 하는 습관과는 거리가 멀다. 운동 습관을 운동복만 갈아입는 버전으로 축소했다고 해도 결국 언젠가는 헬스장에 가고 싶다는 마음이 들 것이다! 그렇다면 습관의 쉬운 버전에서 이상적인 버전으로 나아가되 이 과정에서 습관이 다시 너무 어려워지는 일을 막으려면 어떻게 해야 할까? 비결은 바로 '습관 굳히기'이다.

습관 굳히기에서는 2분 버전의 습관을 완전히 습득한 후 아주 조금만 확장해서 또다시 새로운 수준의 습관을 익히고 여기서 다시 확장해 가는 접근을 취한다. 습관의 이상적인 버전에 이를 때까지 이 과정을 반복하는 것이다. 비결은 행동 변화의 세 번째 법칙을 따르는 것이다. 쉽다고 느껴지는 수준을 계속 유지하면서 점차 다음 단계로 확장해 나간다. 한 가지 방법은 다음 단계로 나아갈 때마다 2분 규칙을 적용하는 것이다. 습관의 단계가 올라갈 때마다 새로운 행동의 2분 버전으로 시작한다면 그 행동이 쉽게 느껴질 것이다.

● 과정을 의식으로 만들기

습관의 규모를 키운다고 해서 2분 규칙이 사라지는 것은 아니다. 오히려 2분 규칙을 더 큰 루틴의 시작 의식으로 삼는다면 루틴에 필요한 마인드셋과 집중력을 자연스럽게 불러올 수 있다. 운동선수와 음악가들의 워밍업이나, 작가들이 글쓰기를 시작하기 전 책상을 일정한 방식으로 정돈하는 행동 등과 유사한 전략이다. 시작 의식은 자기 자신에게 보내는 신호가 되어 어떤 활동에 필요한 의식 상태에 진입할 수 있도록 도와준다.

습관 굳히기를 연습하기 위해서는 가장 쉬운 습관과 이상적인 습관 사이의 단계들을 계획해야 한다. 다음과 같이 1단계에는 지금껏 연습해 온 쉬운 버전의 습관을 적고, 5단계에는 이상적인 버전의 습관을 적는다. 그런 뒤 두 버전의 습관이 단계별로 이어지도록 중간 단계들을 채운다.

습관 굳히기의 예:

1단계	2단계	3단계	4단계	5단계
운동복으로 갈아입는다.	문밖으로 나선다(산책한다).	차를 몰고 헬스장에 가서 5분간 운동을 한 후 나온다.	주 1회 15분간 운동을 한다.	주 3회 운동한다.

습관: _____

1단계	2단계	3단계	4단계	5단계

습관: _____

1단계	2단계	3단계	4단계	5단계

결정적 순간을 장악하라

습관의 가장 작고도 쉬운 버전을 찾는 일이 중요한 이유는 습관의 문턱을 넘을 수 있도록 도와주기 때문이다. 또한 이런 습관의 버전들이 결정적 순간을 최대한 활용하는 열쇠이기 때문이다.

매일 매 순간 우리는 결정을 내린다. 그런데 그 모든 결정이 똑같은 영향력을 지니지 않는다는 게 중요하다. 사소한 결정도 있고 그날 하루에 영향을 미치는 결정도 있다. 가령 내 경우를 보면 나는 매일 퇴근하고 난 후의 작은 순간 하나가 그날 밤을 좌우한다. 아내가 퇴근하고 집에 오면 아내와 나는 함께 헬스장에 가거나 소파에서 TV를 보며 저녁을 보낸다. 여기서 결정적 순간, 즉 퇴근한 아내가 집에 온 후 우리가 어떤 행동을 하는지는 그날 저녁을 결정하고, 우리가 내리는 그 어떤 결정보다도 우리의 일상에 큰 영향을 미친다. 한 가지 결정을 내리면 그 이후는 도미노가 쓰러지듯 알아서 진행된다.

핵심은 이 작은 순간들이 이후의 시간에 지대한 영향을 미친다는 것이다. 습관은 좋은 결정의 종착점이 아니라 좋은 결정의 시작점이다.

결정적 순간들의 힘을 통제하고 당신에게 유리하게 활용하기 위해서는 하루 동안 당신이 하는 모든 행동을 점검해서 결정적 순간들이 언제인지를 파악해야 한다. 하루의 서로 다른 시간대에 당신이 무엇을 하는지 일주일간 관찰하고, 아주 사소하더라도 어떤 결정이 하루의 경로를 좌우하는 데 큰 영향을 발휘하는지 그 결정적 순간을 기록해 보자.

	아침	점심	저녁
월요일			
화요일			
수요일			
목요일			
금요일			
토요일			
일요일			

일주일 후 이 기록을 바탕으로 반복되는 패턴이 있는지 살펴보자. 당신의 하루에서 결정적 순간은 언제인가? 그 결정적 순간을 기준으로 선택지들이 어떻게 갈라지는가?

_____

_____

_____

당신이 바라는 행동에 이르는 경로를 최대한 쉽게 찾아갈 방법을 알아보자. 당신이 파악한 결정적 순간마다 양 갈래로 갈라지는 선택지를 적고, 이 중 당신이 선택하고 싶은 선택지에 동그라미를 친 뒤 그 선택을 따라 나아가는 경로의 2분 버전을 적는다. 내 경우를 예로 들면 저녁 시간에서 헬스장 경로의 2분 버전은 운동복을 입는 것이다. 그 2분 습관만으로도 TV 경로가 아닌 헬스장 경로에 오를 수 있다.

결정적 순간	선택지	2분 습관

Part 2 • 행동 변화의 네 가지 법칙

이제 2분 습관 하나를 고르고 하루의 결정적 순간마다 이 습관을 실천하자. 일주일간 실천해 본 뒤 소감을 적어 보자.

한 주 동안 실천한 소감: 어땠는가? 경로의 2분 버전을 해낼 수 있었는가? 당신이 바라는 경로를 평소보다 더 자주 선택한 것 같은가? 약간 수정해서 다시 한번 시도해 보겠는가?

헬스장이 무조건 가까워야 하는 이유

지금까지 습관을 시작하기 쉽게 만드는 방법을 이야기했으니 이제 습관을 실행하기 쉽게 만드는 방법에 대해 살펴보자. 첫 번째와 두 번째 법칙에서 그랬듯이 답은 당신의 환경에 있다.

우리는 습관을 쉽게 실행할 수 있는 환경을 설계할 수 있다. 여기서 핵심은 환경이 습관의 이행을 쉽거나 어렵게 만드는 정도, 즉 '마찰'이다. 주방을 생각해 보자. 가장 손이 닿기 어려운 선반 맨 위 칸에는 무엇이 보관되어 있는가? 거기 있는 물건에 접근하기까지 마찰이 크고 에너지가 많이 소모된다(발판을 가져오거나 조리대 위로 올라가야 한다). 그렇다면 조리대 위에 놓인 물건들을 생각해 보자. 접근하는 데 마찰이 작아 에너지가 거의 들지 않는다. 그 결과 높은 선반에 놓인 물건은 잘 쓰지 않게 되고 조리대 위의 물건은 자주 쓰게 된다.

> 자제력을 높이려고 노력하기 전에 환경 속 마찰을 낮추려고 노력해야 한다.

중요한 점은 이 원리를 당신에게 유리하게 활용해야 한다는 것이다. 스무디를 더 자주 만들어 먹고 싶지만 블렌더가 선반 가장 높은 칸에 있다면 스무디를 만들어 먹는 습관을 형성하기 어려울 것이다. 반대로 커피를 줄이고 싶지만 커피메이커와 원두를 조리대에 둔다면 커피를 자제하기 어려워진다.

이런 원리는 당신이 시간을 보내는 모든 환경에 해당한다. 원하는 행동을 장려하도록 환경을 설계하면 가뿐하게 그 일을 해낼 수 있다. 당신이 원치 않는 행동을 수행하기 어려운 환경을 만들면 그 행동을 피하기가 훨씬 쉽다.

당신의 어떤 공간이 습관을 쉽게 만드는가?

환경을 바꾸기에 앞서 현재의 환경을 평가하는 것이 중요하다. 먼저 당신이 가장 많은 시간을 보내는 공간으로 가서 주변을 둘러보자. 그 공간에서 에너지가 많이 드는 일은 무엇인지, 에너지가 많이 들지 않은 일은 또 무엇인지 생각해 보자. 습관의 신호와 달리 시각적인 요소는 중요하지 않을 수도 있다. 마찰을 파악하려면 보통 접근이 용이한지 아닌지가 더 중요하다.

공간이 어떤 습관을 촉진하고 또 저해하는지, 행동의 마찰이 높고 낮은 이유는 무엇인지 아래에 적어 보자.

촉진하는 습관	낮은 마찰 요인	저해하는 습관	높은 마찰 요인

이제 집에서 당신이 꽤 오랜 시간을 보내는 공간 또는 의미 있는 습관적 행동을 하게 되는 공간을 대상으로 같은 훈련을 해보자. 집 외에도 사무실 등 당신에게 중요한 공간을 평가해 볼 수 있다.

공간: _____

촉진하는 습관	낮은 마찰 요인	저해하는 습관	높은 마찰 요인

공간: _____

촉진하는 습관	낮은 마찰 요인	저해하는 습관	높은 마찰 요인

공간: _____

촉진하는 습관	낮은 마찰 요인	저해하는 습관	높은 마찰 요인

우리의 삶에 대단한 영향력을 행사하는 또 하나의 공간은 바로 디지털 공간이다. 그 중에서도 휴대전화와 컴퓨터가 큰 영향을 미친다. 잠시 시간을 내어 디지털 공간을 대상으로 같은 훈련을 해보자. 이 기기들이 어떤 습관을 촉진하거나 저해하는지 생각해 보자.

공간: _____

촉진하는 습관	낮은 마찰 요인	저해하는 습관	높은 마찰 요인

공간에 대해 자신이 어떤 평가를 했는지 살펴보자. 무엇이 눈에 띄는가? 해당 공간에서 습관에 도움이 되거나 도움이 되지 않는다고 판단되는 어떤 경향성이 보이는가?

___

평가를 살펴봤을 때 당신의 습관에 가장 도움이 되는 공간은 어디인가? 가장 도움이 되지 않는 공간은 어디인가?

___

공간을 어떻게 바꾸면 습관에 더욱 도움이 될지 몇 가지 아이디어를 적어 보자.

_____
_____
_____
_____
_____
_____

잠시 시간을 내어 디지털 공간에 대해 생각해 보자. 당신이 바라는 습관을 어떻게 촉진하거나 저해하는가? 이 공간을 어떻게 바꾸면 습관에 더욱 도움이 될지 아이디어가 있는가?

_____
_____
_____
_____
_____
_____

습관을 촉진하는 환경 설계하기

공간 평가를 마쳤으니 세 번째 법칙을 활용해 성공을 위한 환경을 설계해 볼 차례다. 당신이 한 평가를 바탕으로 지금 만들거나 끊고자 하는 습관과 가장 관련이 깊은 환경이 어디일지 파악해 보자. 디지털 공간이 될 수도 있다.

습관: _____   환경: _____

이 습관과 관련된 물건들이 무엇인지 파악하고, 환경에서 해당 물건들 주변에 어느 정도의 마찰이 형성되어 있는지 적어 보자. 그리고 오른쪽 칸에 각 물건의 마찰 정도를 높여야 할지 낮춰야 할지 화살표로 표시하자.

물건	마찰 정도	↑↓

앞 페이지의 분석을 바탕으로 바라는 행동을 촉진하기 위해 환경을 어떻게 재설계해야 할지 생각해 보자. 아이디어가 실행 가능할수록 실제로 행동으로 옮길 가능성도 커진다. 가령 집을 리모델링해 홈짐을 만드는 것도 운동 루틴에 도움이 되겠지만, 요가 매트를 소파 옆으로 옮기는 것만으로도 같은 효과를 낼 수 있다.

_____

_____

_____

_____

_____

이제 떠올린 아이디어들을 실행에 옮기고 일주일간 생활해 본 뒤 소감을 적어 보자.

한 주 동안 실천한 소감: 가장 도움이 되었던 아이디어는 무엇인가? 목표 행동에 가장 큰 영향을 준 것은 무엇인가? 행동 변화를 촉진하기 위해 환경에서 추가로 바꾸고 싶은 점이 있는가?

_____

_____

_____

_____

_____

당신이 한 평가를 바탕으로 지금 만들거나 끊고자 하는 습관과 가장 관련이 깊은 환경이 어디일지 파악해 보자. 디지털 공간이 될 수도 있다.

습관: _____   환경: _____

이 습관과 관련된 물건들이 무엇인지 파악하고, 환경에서 해당 물건들 주변에 어느 정도의 마찰이 형성되어 있는지 적어 보자. 그리고 오른쪽 칸에 각 물건의 마찰 정도를 높여야 할지 낮춰야 할지 화살표로 표시하자.

물건	마찰 정도	↑↓

앞 페이지의 분석을 바탕으로 바라는 행동을 촉진하기 위해 환경을 어떻게 재설계해야 할지 생각해 보자. 아이디어가 실행 가능할수록 실제로 행동으로 옮길 가능성도 커진다. 가령 집을 리모델링해 홈짐을 만드는 것도 운동 루틴에 도움이 되겠지만, 요가 매트를 소파 옆으로 옮기는 것만으로도 같은 효과를 낼 수 있다.

_____

_____

_____

_____

이제 떠올린 아이디어들을 실행에 옮기고 일주일간 생활해 본 뒤 소감을 적어 보자.

한 주 동안 실천한 소감: 가장 도움이 되었던 아이디어는 무엇인가? 목표 행동에 가장 큰 영향을 준 것은 무엇인가? 행동 변화를 촉진하기 위해 환경에서 추가로 바꾸고 싶은 점이 있는가?

_____

_____

_____

_____

내일 러닝을 위해 오늘 러닝화를 준비하라

목표 행동에 도움이 되는 환경 설계의 한 가지 구체적인 방법은 바로 환경 사전 세팅이다. 아침 러닝 습관을 들이고 싶다면 전날 밤 운동복과 러닝화를 미리 꺼내 두자. 집에서 직접 요리를 해 먹는 횟수를 늘리고 싶다면 주말에 식료품을 미리 준비해 두자. 당신의 목표 습관을 바탕으로, 사전에 환경을 어떻게 준비해야 미래에 당신이 바라는 행동을 수행할 수 있을지 몇 가지 방법을 생각해 보자.

미래에 사용하기 위한 환경 세팅 방법:

습관:

이 중 몇 가지를 일주일간 실행해 보고 소감을 적어 보자.

한 주 동안 실천한 소감: 이 중 미래 행동에 실제로 도움이 되었던 방법이 있는가? 미래 행동을 촉진하기 위해 환경에서 추가로 바꾸고 싶은 점이 있는가?

당신의 목표 습관을 바탕으로, 사전에 환경을 어떻게 준비해야 미래에 당신이 바라는 행동을 수행할 수 있을지 몇 가지 방법을 생각해 보자.

미래에 사용하기 위한 환경 세팅 방법:

_____

습관:

_____

_____

_____

_____

_____

이 중 몇 가지를 일주일간 실행해 보고 소감을 적어 보자.

한 주 동안 실천한 소감: 이 중 미래 행동에 실제로 도움이 되었던 방법이 있는가? 미래 행동을 촉진하기 위해 환경에서 추가로 바꾸고 싶은 점이 있는가?

_____

_____

_____

_____

_____

실패하기 어렵게 만들어라

행동 변화의 세 번째 역법칙은 '하기 어렵게 만들어라'이다. 어떤 행동을 멈추고 싶다면 그 행동을 하기 어렵게 만들어야 한다. 습관을 끊는 데 이 법칙을 어떻게 적용해야 할지도 상당히 분명하지만(습관을 끊으려면 그 습관을 하기 어렵게 만들면 된다) 습관을 만드는 데도 활용할 수 있다. 즉 어떤 습관을 만들 때 그 습관 외 전부를 하기 어렵게 만드는 것이다.

이어지는 훈련에서는 이 원칙을 바탕으로 당신이 바라는 행동 외에 다른 모든 행동이 수행 불가능하도록 실행의 용이함과 실행의 어려움을 조절하는 방법을 살펴볼 것이다.

> 습관은 편의성의 부산물일 때가 많다. 인간은 저항이 가장 적은 경로를 따르게 되어 있어 가장 편리한 선택지를 취할 때가 많다. 따라서 좋은 선택은 더욱 쉽게, 나쁜 선택은 더욱 어렵게 만들 때 행동은 자연스럽게 개선된다.

미래의 나를 붙잡는 '약속 유지 장치'

'약속 유지 장치'는 현재의 선택으로 미래의 행동을 통제하는 방법이다. 행동에 영향을 미칠 수 있는 미래의 선택을 못 하도록 만들어 미래의 어떤 행동을 고정시킨다. 우리를 좋은 행동에 묶어 두고 나쁜 행동을 억제하는 것이다. 이를테면 몇 시간 동안 소셜 미디어의 방해 없이 일하고 싶다면 정해진 시간 동안 특정 사이트의 접속을 차단하는 소프트웨어를 설치할 수 있다. 새로운 기술을 배우고 싶은데 시간을 내기 어렵다면 미리 수업을 등록하고 수강료까지 지불하는 것이다.

  약속 유지 장치가 유용한 이유는 우리가 유혹의 희생자로 전락하기 전에 좋은 의도를 활용할 기회를 마련하기 때문이다. 미래의 나를 위해 현재 결정을 내려서 미래의 내가 바람직한 행동을 할 수밖에 없도록 만든다. 바람직한 행동을 하는 것보다 하지 않는 것을 더욱 수고스럽게 만드는 것이 핵심이다.

현재 집중하고 있는 습관과 관련해, 바라는 행동을 고정시키기 위해 약속 유지 장치를 어떻게 활용해야 할지 아이디어를 생각해 보자.

약속 유지 장치:

_____

_____

습관:

_____

_____

아이디어 하나를 선택해 일주일간 실행해 보고 소감을 적어 보자.

한 주 동안 실천한 소감: 도움이 되었는가? 실제로 행동이 고정되었는가? 일주일간 더 실천하기 전에 장치에서 무언가를 변경하고 싶거나 다른 장치를 활용해 보고 싶은가?

_____

_____

_____

_____

••

현재 집중하고 있는 습관과 관련해, 바라는 행동을 고정시키기 위해 약속 유지 장치를 어떻게 활용해야 할지 아이디어를 생각해 보자.

약속 유지 장치:

_____

_____

습관:

_____

_____

_____

_____

아이디어 하나를 선택해 일주일간 실행해 보고 소감을 적어 보자.

한 주 동안 실천한 소감: 도움이 되었는가? 실제로 행동이 고정되었는가? 일주일간 더 실천하기 전에 장치에서 무언가를 변경하고 싶거나 다른 장치를 활용해 보고 싶은가?

빈도가 낮은 습관은 '자동화'하라

미래의 나를 위해 현재 선택을 내리는 방법으로 약속 유지 장치만 있는 것은 아니다. 한 걸음 더 나아가 장기적으로 행동을 자동화할 방법을 찾는다면 좋은 행동만 선택지로 남길 수 있다.

약속 유지 장치와 마찬가지로 자동화는 동기가 높을 때 선택을 할 수 있게 하고 미래의 선택은 배제한다. 자동화를 유리하게 활용하면 좋은 선택은 필연적인 것이 되고 나쁜 선택은 불가능한 것이 된다. 일정 기간에 한정해 효과를 발휘하는 약속 유지 장치와 달리, 자동화를 통해서는 좋은 행동을 언제까지나 지속시킬 수 있다. 자동화는 순간의 의지력에 의존하는 것이 아니라 미래의 행동을 고정하는 가장 강력한 방법이다.

> 삶의 가능한 한 많은 부분을 자동화한다면 기계가 아직 해낼 수 없는 일에 당신의 에너지를 쏟을 수 있다.

자동화에는 여러 형태가 있지만 기술을 활용하는 방식이 가장 흔하면서도 편리하다. 공과금을 자동이체로 설정하거나, 월급 일부를 퇴직연금 계좌로 자동이체하거나, 식재료 구독 서비스를 이용하는 것 등은 미래에 좋은 결정이 자동으로 이뤄지도록 만드는 방법이다.

당신이 집중하는 습관 가운데 자동화할 수 있는 게 있는가? 그런 습관이 있다면 어떤 방법으로 자동화할 수 있을까? 우리의 일상 속 습관에 자동화를 항상 적용할 수 있는 건 아니지만, 만약 자동화가 도움이 될 방법이 있다면 다음 페이지에 적어보자.

습관:

자동화:

자동화 아이디어 하나를 선택해 일주일간 실행해 보고 소감을 적어 보자.

한 주 동안 실천한 소감: 도움이 되었는가? 실제로 행동이 고정되었는가? 일주일간 더 실천하기 전 무언가 변경하고 싶거나, 다른 자동화 아이디어를 시도해 보고 싶은가?

자동화는 일상적인 습관보다는 발생 빈도가 현저히 낮아 습관으로 자리 잡기 어려운 행동에 특히 유용하다. 달마다 또는 해마다 하는 행동들, 예를 들면 연 1회 건강검진 예약, 친구들의 생일, 약품 처방 등은 그리 반복적이지 않아 습관으로 자리 잡기 어렵다. 그렇기에 이런 일들에는 자동화를 활용하는 것이 대단히 유효할 수 있다. 당신이 바라는 핵심 행동 변화와 직접적인 연관성은 없을 수 있지만 자동화는 다른 행동들을 처리해 주는 훌륭한 도구로, 여기서 번 시간과 에너지를 핵심 행동 변화에 쏟을 수 있다. 자동화로 도움을 받을 수 있는 행동이 있는가?

자동화할 수 있는 행동은 무엇이고 어떻게 자동화할 것인지 생각해 보자.

행동	자동화

단 한 번의 행동으로 모든 것이 끝나는 습관

자동화의 가장 강력한 형태는 시스템을 설정하는 데서 그치지 않고 단 한 번의 행동으로 향후 모든 행동을 결정하는 것이다. 아래는 장기적으로 긍정적인 결과를 가져오는 일회성 행동의 사례다. 보다시피 사용하지 않는 무언가를 삭제하거나 해지하는 일들이 다수 포함되어 있다. 어떤 대상에 명확한 거부 의사를 밝히는 일회성 행동을 취하면 원치 않는 대상을 사용하지 않기로 매번 결정하는 수고를 덜 수 있다.

영양	행복
• 밀폐용기를 마련해 일터에 도시락 싸 가기 • 정수 필터를 마련해 깨끗한 물 마시기	• 친구 또는 가족과 좀 더 가까운 곳에서 살기 • 좋아하는 예술 작품을 벽에 붙이기
수면	**건강**
• 눈가리개 사기 • 백색소음 기계 사기 • 알람을 끄려면 침대에서 일어나도록 시계를 침실 내에서 멀리 두기	• 예방 접종하기 • 인체공학적으로 책상을 세팅하기 • 헬스장 회원권 구매하기 • 공기청정기 구매하기
생산성	**재정**
• 휴대전화에서 게임과 소셜 미디어 앱 삭제하기 • SNS 비밀번호를 친구가 변경해 로그인 막기 • 휴대전화 충전 구역을 눈에 띄지 않는 곳에 두기	• 거의 쓰지 않는 구독 서비스 취소하기 • 커피 기계를 마련해 커피 구매 비용 아끼기 • 인덱스펀드에 투자하기

이 외에도 당신에게 이로울 일회성 행동으로는 어떤 것들이 있을까?

- _____
- _____
- _____
- _____

결론: 행동 변화의 세 번째 법칙

지금껏 해온 훈련을 바탕으로 행동 변화의 세 번째 법칙을 어떻게 활용해 습관을 하기 쉽게 만들 것인지 정리해 보자. 당신에게 효과가 있었던 것과 없었던 것이 무엇인지 생각해 보고, 각 훈련들을 자유롭게 조합해 보라. 정해진 방식이 아닌 당신에게 맞는 방법을 찾아내는 게 목표다.

습관: _____

행동을 변화시키기 위해 세 번째 법칙을 어떻게 활용하겠는가?

_____

_____

습관: _____

행동을 변화시키기 위해 세 번째 법칙을 어떻게 활용하겠는가?

_____

_____

지금까지 기록한 내용을 살펴보고 이 전략들을 실행하는 데 매진하길 바란다. 앞으로 행동 변화의 마지막 법칙을 적용해 나가는 과정에서 이 전략들이 당신의 습관을 위한 토대가 되어 줄 것이다.

핵심 요약표: 행동 변화의 세 번째 법칙

행동 변화의 세 번째 법칙은 '하기 쉽게 만들어라'이다.
습관을 만들고 싶다면 하기 쉽게 만들어라.

핵심 원칙	훈련
최대화하기 전에 표준화하라 • 습관의 이상적인 버전보다 실행 가능한 버전에 집중하라. • 작게 시작해 습관을 하기 쉽게 만들고 원하는 자아상을 강화하라. • 완벽보다는 시작이 중요하다.	• 2분 규칙을 활용하라. • 습관을 재미있는 버전으로 만들어라. • 처음에는 작게 시작해서 점차 규모를 키워라.
결정적 순간을 장악하라 • 하루 중 더욱 큰 영향력을 발휘하는 순간들이 있다.	• 결정적 순간을 장악하라. 큰 영향력을 발휘하는 작은 선택들을 최적화하라.
환경을 설계하라 • 좋은 습관의 마찰을 줄여라.	• 좋은 습관을 실천하기 쉽게 환경을 설계하라.
미래 행동을 고정하라 • 좋은 행동이 자동화되도록 미래의 자신을 위한 결정을 내려라.	• 약속 유지 장치를 활용하라. • 좋은 습관은 자동화를 활용하라. • 일회성 행동을 활용해 좋은 행동을 필연적으로 만들어라.

행동 변화의 세 번째 역법칙은 '하기 어렵게 만들어라'이다.
습관을 끊고 싶다면 하기 어렵게 만들어라.

핵심 원칙	훈련
결정적 순간을 장악하라 • 하루 중 더욱 큰 영향력을 발휘하는 순간들이 있다.	• 결정적 순간을 장악하라. 큰 영향력을 발휘하는 작은 선택들을 최적화하라.
환경을 설계하라 • 나쁜 습관의 마찰을 높여라.	• 나쁜 습관을 실행하기 어렵도록 환경을 설계하라.
미래 행동을 고정하라 • 나쁜 행동이 불가능해지도록 미래의 자신을 위한 결정을 내려라. • 미래에 잘못된 선택을 내리는 일을 수고스럽게 만들어라.	• 약속 유지 장치를 활용하라. • 나쁜 행동이 불가능해지도록 자동화를 활용하라. • 일회성 행동을 활용해 나쁜 행동을 불가능하게 만들어라.

셀프 체크 리스트

지금까지 잘 진행되고 있는가?

_____

_____

_____

> 좋은 선택을 해야 기회가 생긴다. 좋은 습관이 있어야 그 기회를 최대한으로 활용할 수 있다.

전반적인 진행 상황을 어떻게 평가하겠는가?

1   2   3   4   5   6   7   8   9   10

습관으로 당신이 구축하고자 하는 정체성이 강화되고 있는가?

_____

_____

_____

_____

지금까지의 노력으로 성취한 작은 승리를 한 가지 꼽으면 무엇이 있는가?

_____

_____

_____

_____

무엇이 잘 진행되고 있는가? 무엇이 잘 진행되고 있지 않은가?

무엇이 당신을 가로막고 있는가? 이를 어떻게 극복할 계획인가?

무엇을 배웠는가?

모든 큰 성과는 작은 시작에서 온다.

모든 습관의 씨앗은 단 하나의 아주 작은 결정이다.

네 번째 법칙,
만족스러워야 달라진다

지금까지 습관 순환의 단계 중 세 단계, 즉 신호를 받고 열망이 촉발되고 반응이 작동하는 원리와 이것으로 행동 변화를 이끄는 방법에 대해 살펴봤다. 습관 순환의 마지막 단계는 보상, 즉 습관을 행했을 때 우리에게 주어지는 결과다. 구체적으로 말하면 행동이 끝난 직후 우리가 느끼는 '감정'이다. 감자칩을 먹으며 느끼는 기쁨, 뜨거운 가스레인지에 손을 댄 후 느끼는 통증처럼 앞으로 어떤 행동을 반복해야 할지 알려 주는 피드백이다. 어떤 행동이 즐거운 결과(보상)로 끝나면 우리는 이 행동을 기억하고 반복할 가치가 있다고 학습한다. 행동이 부정적인 결과(처벌)로 끝나면 해당 행동을 반복할 이유가 없다고 학습한다.

'보상받은 행동은 반복되고 처벌받은 행동은 회피한다.' 이것이 행동 변화 원칙의 근간이다. 우리는 과거에 어떤 보상 또는 처벌을 받았는지를 바탕으로 미래에 어떤 행동을 해야 하는지 학습한다. 긍정적인 감정은 습관을 키우고, 부정적인 감정은 습관을 무너뜨린다.

그림 8. 행동 변화의 네 번째 법칙 '보상'

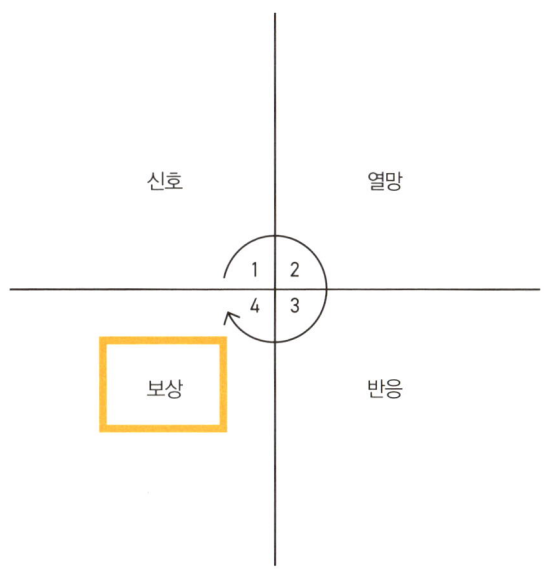

한 가지 주의 사항이 있다. 인간의 두뇌는 즉각적인 만족을 선호하도록 설계되었기 때문에 장기적 만족감이나 실망감 등의 감정이 아니라 행동 '직후'의 감정이 가장 큰 영향을 미친다. 언뜻 보기에는 장기적 감정이나 직후의 감정이 대단한 차이가 없어 보이지만, 이 차이 때문에 보상받은 행동은 반복되고 처벌받은 행동은 회피한다는 원칙을 적용하는 것이 어렵다.

좋은 습관은 장기적 결과가 긍정적인 감정을 안겨 줄지라도 즉각적인 결과는 보통 즐겁지 않다는 것이 문제다. 반대로 나쁜 습관의 경우 장기적 결과가 부정적인 감정으로 이어진다고 해도 즉각적인 결과는 행복감을 안겨 줄 때가 많다. 다시 말해 좋은 습관의 대가는 현재에 있고 나쁜 습관의 대가는 미래에 있는데, 이는 긍정적인 행동 변화를 이루는 데 필요한 조건과 정반대다. 이런 이유로 좋은 습관이 즉각적인 보상으로, 나쁜 습관이 즉각적인 처벌로 이어지도록 만들려면 창의력이 필요하다.

행동 변화의 네 번째 법칙 '만족스럽게 만들어라'는 이 원리를 어떻게 활용해 습관을 바꿀 수 있는지를 다룬다. 습관을 만들려면 습관을 만족스럽게 만들어야 하고, 습관을 끊으려면 습관을 불만족스럽게 만들어야 한다. 앞서 등장한 행동 변화의 법칙 세 가지가 이번에 어떤 행동을 하게 될 가능성을 높인다면, 이 네 번째 법칙은 다음에도 어떤 행동을 반복할 가능성을 높이고 일회성 행동을 완전히 몸에 밴 습관으로 바꾼다.

이제부터 네 번째 법칙과 역법칙을 활용해 습관을 만들고 끊는 실용적인 전략을 살펴볼 것이다. 이어지는 훈련에서는 파트 1에서 택했던 습관(들)을 활용해도 좋고, 집중하고자 하는 새로운 습관을 택해도 좋다.

행동 변화의 네 번째 법칙:
습관을 만들고 싶다면 만족스럽게 만들어라.
행동 변화의 네 번째 역법칙:
습관을 끊고 싶다면 불만족스럽게 만들어라.

우리의 뇌는 즉각적인 보상을 좋아한다

좋은 습관의 결과는 불만족스러울 때가 많고 나쁜 습관의 결과는 만족스러울 때가 많다면 이를 어떻게 반전시킬 수 있을까? 핵심은 습관의 결말에서 느끼는 '감정'을 전환하는 전략을 사용하는 것이다. 실로 행동의 결말이 만족스러운가 아닌가가 핵심이다.

좋은 습관의 결말을 만족스럽게 만들기 위해 쓸 수 있는 전략이 '강화'다. 강화는 행동의 결말을 즉각적인 보상과 연결하는 것이다. 이를 통해 어떤 좋은 행동이 원래부터 즉각적인 보상이 따르지 않는다고 해도 만족스러운 행동으로 만들 수 있다.

예를 들어 명상을 더 자주 하는 습관을 기르려고 한다고 해보자. 문제는 명상 수행의 초기 단계가 어렵고 불만족스러울 수 있다는 점이다. 당신이 바라는 명상의 이점, 즉 평온함, 차분함, 명료함 같은 감정들은 수행을 오랜 기간 한 후에야 경험할 수 있다. 따라서 과제는 초기 단계의 명상도 만족스럽게 느껴지도록 만드는 것이다. 여기서 강화를 적용한다면 명상을 할 때마다 아주 작게라도 자신에게 보상을 주는 것이 될 수 있다.

방법은 다양하다. 한 가지 전략은 금전적 보상으로, 습관을 실행할 때마다 얼마씩 저축하는 것이다. 그러면 계좌에 쌓여 가는 돈을 보며 만족감을 느낄 수 있다. 차 한 잔이나 거품 목욕, 좋아하는 노래 듣기도 보상이 될 수 있다. 다만 주의할 점이 있다. 좋은 행동을 상쇄하는 행동으로 보상해서는 안 된다(가령 '한 시간 동안 소셜 미디어를 안 봤다면 그 보상으로 몇 분 동안 소셜 미디어를 봐야지'). 이렇게 하면 끊고자 하는 행동에 도리어 보상하는 상황이 벌어질 수 있다.

지금 집중하는 습관과 관련해 좋은 행동을 보상하려면 강화를 어떻게 활용할 수 있을지 아이디어를 적어 보자.

즉각적 보상 아이디어:
_____
_____
_____

습관:

_____

_____
_____
_____

보상 아이디어 하나를 선택해 일주일간 실천해 보자.

한 주 동안 실천한 소감: 어땠는가? 보상을 주었더니 습관이 강화되었는가? 보상에 변화를 더하거나 새로운 보상으로 다시 한번 시도해 보겠는가?

_____
_____
_____
_____

지금 집중하는 습관과 관련해 좋은 행동을 보상하려면 강화를 어떻게 활용할 수 있을지 아이디어를 적어 보자.

즉각적 보상 아이디어:

_____

_____

습관:

_____

_____

_____

_____

_____

보상 아이디어 하나를 선택해 일주일간 실천해 보자.

한 주 동안 실천한 소감: 어땠는가? 보상을 주었더니 습관이 강화되었는가? 보상에 변화를 더하거나 새로운 보상으로 다시 한번 시도해 보겠는가?

_____

_____

_____

_____

나쁜 습관을 회피하기 위한 보상 전략

강화는 나쁜 행동을 회피한 자신에게 보상을 할 때 특히 강력한 힘을 발휘한다. 나쁜 행동을 중단하는 일은 대단히 불만족스럽기 때문이다. 이를테면 바깥에서 사서 마시는 커피를 줄이려고 할 때 장기적 이점은 명백하지만 커피를 구매하지 않는 행위 자체는 큰 실망감을 안겨 준다. 이처럼 즉각적인 만족이 없기 때문에 회피 행동은 긍정적인 연상을 형성하기가 매우 어렵다.

이 경우 목표는 나쁜 행동을 회피할 때 어떤 이점이 있는지, 이 이점을 분명하고도 즐거운 무언가로 만드는 것이다. 가령 소셜 미디어를 끊고 싶다면 스크롤링하고 싶은 욕구를 이겨 낼 때마다 가장 좋아하는 노래를 들으며 회피 행동을 강화하는 것이다.

지금 집중하는 습관과 관련해 나쁜 행동을 회피할 때 보상하려면 어떻게 활용할 수 있을지 아이디어를 적어 보자.

습관: _____

즉각적 보상 아이디어: _____

_____

보상 아이디어 하나를 선택해 일주일간 실천해 보자.

한 주 동안 실천한 소감: 어땠는가? 보상을 주었더니 나쁜 행동을 회피하는 데 도움이 되었는가? 보상에 변화를 더하거나 새로운 보상으로 다시 한번 시도해 보겠는가?

_____
_____
_____

지금 집중하는 습관과 관련해 나쁜 행동을 회피할 때 보상하려면 어떻게 활용할 수 있을지 아이디어를 적어 보자.

즉각적 보상 아이디어:

습관:

보상 아이디어 하나를 선택해 일주일간 실천해 보자.

한 주 동안 실천한 소감: 어땠는가? 보상을 주었더니 나쁜 행동을 회피하는 데 도움이 되었는가? 보상에 변화를 더하거나 새로운 보상으로 다시 한번 시도해 보겠는가?

_____
_____
_____

성장을 시각화하는 습관 추적기

습관을 강화하는 강력하면서도 간단한 방법은 '습관 추적', 즉 진전 상황을 눈에 보이게 만드는 것이다. 아직 목표에 이르지 못했다 하더라도 우리가 올바른 길로 나아간다고 느끼게 하는 상황은 본질적으로 만족감을 준다. 만일 이런 진전 상황을 눈에 보이게 만든다면 어떤 활동에서든 작은 만족을 추가할 수 있다.

습관 추적은 여러 방식으로 진행할 수 있지만 가장 좋은 것은 시각적인 형태다. 해야 할 일 목록에 적힌 일을 체크해 가는 방식은 이미 많은 사람이 활용하고 있다. 또 다른 방식으로는 물리적인 추적기를 만드는 것이다. 어떤 활동을 마칠 때마다 동전이나 클립을 병에 하나씩 넣는 것처럼 말이다. 행동을 기록하는 것(운동 일지나 독서 기록장 등)도 효과적이다. 수분 섭취 기록, 생산성 타이머 등 다양한 앱도 진전 상황을 확인할 수 있게 되어 있다. 습관 추적은 실행한 행동뿐 아니라 회피한 행동 또한 추적할 수 있기 때문에 습관을 만들거나 끊는 데도 효과적이다.

● 올바른 대상을 추적하라

잘못된 대상을 추적하는 함정에 빠지지 말아야 한다. 습관 추적을 하다가 자칫 그 습관이 우리가 바라는 효과를 내는지가 아니라 습관을 완료했는지만 볼 수도 있다. 이를테면 독서량을 늘리고 싶어서 연간 몇 권의 책을 읽는지 추적하고 매년 권수를 늘려가는 것을 목표로 삼을 수 있다. 그러다 보면 독서 목표량을 달성하기 위해 당신에게는 별 의미 없는 짧고 쉬운 책을 우선순위로 읽게 되기 쉽다. 그러면 애초에 그 습관에서 당신이 바랐던 의미는 사라질 수 있다. 따라서 습관을 추적할 때는 올바른 대상을 추적하고 추적 방식이 당신에게 맞는지를 점검해야 한다.

지금 집중하는 습관과 관련해 당신의 진전을 눈으로 확인할 수 있게 해주는 추적기를 하나 또는 두 개 설계해 보자. 어떤 형태인가? 시각적인가, 물리적인가? 기술을 사용하는가, 앱을 활용하는가? 그런 다음 설계한 시스템을 이용해 일주일간 습관을 추적해 보자.

습관: _____

추적기 아이디어 1	추적기 아이디어 2

한 주 동안 실천한 소감: 어땠는가? 습관을 추적해 보니 습관이 더욱 만족스럽게 느껴졌는가? 습관을 지속하는 데 도움이 되었는가? 추적 시스템에 변화를 더해 다시 한 번 시도해 보겠는가?

_____
_____
_____
_____

지금 집중하는 습관과 관련해 당신의 진전을 눈으로 확인할 수 있게 해주는 추적기를 하나 또는 두 개 설계해 보자. 어떤 형태인가? 시각적인가, 물리적인가? 기술을 사용하는가, 앱을 활용하는가? 그런 다음 설계한 시스템을 이용해 일주일간 습관을 추적해 보자.

습관: _____

추적기 아이디어 1	추적기 아이디어 2

한 주 동안 실천한 소감: 어땠는가? 습관을 추적해 보니 습관이 더욱 만족스럽게 느껴졌는가? 습관을 지속하는 데 도움이 되었는가? 추적 시스템에 변화를 더해 다시 한 번 시도해 보겠는가?

_____
_____
_____
_____

'완벽하지 않아도 괜찮아' 해빗 트래커

해빗 트래커는 보통 달력과 비슷한 모양으로, 만들고자 하는 습관을 성공적으로 행한 날 또는 끊고자 하는 습관을 하지 않은 날을 매일같이 기록하는 것이다. 시간이 지날수록 습관을 얼마나 자주, 얼마나 꾸준히 했는지 시각적으로 확인할 수 있다. 더불어 X 표시가 끊기지 않고 깔끔하게 이어지도록 매일 해야 할 일을 완수하고 싶다는 마음도 강해진다.

아래는 해빗 트래커 사용의 예시다.

	월요일	화요일	수요일	목요일	금요일	토요일	일요일
치실	×	×	×	×	×	×	×
명상				×	×	×	×

하지만 이분법적 사고가 생길 수 있어 주의해야 한다. 절대로 거르지 않겠다는 마음 때문에 오히려 한 번 공백이 생기면 습관을 바로 포기할 수도 있다. 문제는 어쩔 수 없이 습관을 거르게 되는 상황이 생길 수밖에 없다는 데 있다. 휴가를 가고, 힘든 하루를 보내기도 하고, 어려운 프로젝트를 맡아서 매일의 일상이 너무 바쁘게 진행되는 등의 일들이 생긴다. 하지만 진짜 문제는 한 번의 실수가 아니라 완벽하게 해내지 못하면 아예 하지 말자는 사고방식이다.

완벽주의 때문에 경로를 탈선하고 싶지 않다면 이 만트라를 활용해 보자. '두 번 연속으로 거르지 마라.'

● '두 번 연속으로 거르지 말자' 추적기

두 번은 거르지 않는다는 데 초점을 맞춘 해빗 트래커를 만들려면 서로 다른 색의 펜 두 개를 사용해 표시한다. 습관을 실행한 날에는 파란색 점, 하지 못한 날에는 빨간색 점을 찍는다. 빨간색 점은 또 거르면 안 된다는 강력한 시각적 신호가 될 것이다. 목표는 빨간색 점이 두 번 연속으로 찍히지 않도록 하는 것이다.

첫 실수는 결코 당신을 망치지 않는다. 중요한 점은 실수했을 때 방향을 다시 바로잡고 궤도로 돌아와야 한다는 것이다. 그래야 거르는 일이 새로운 습관으로 자리 잡지 않는다. 습관을 완벽하지 않게라도 하는 날이 오히려 가장 중요한 날들인 이유도 이 때문이다. 운동을 '대충' 하고, 책을 20쪽 대신 10쪽 읽고, 5분간 기타를 연습하는 식의 접근이 습관을 계속하게 만들고 당신이 경로를 벗어나지 않도록 습관을 강화한다.

해빗 트래커의 좋은 점 하나는 한 번에 여러 가지를 추적할 수 있다는 데 있다. 동시에 몇 개의 습관을 추적하거나 습관과 더불어 다른 변수를 함께 추적할 수도 있다. 가령 핸드폰 스크롤링 습관을 끊으려 노력 중인데 이 행동이 불안도와 관련이 있다고 생각된다면, 추적기에 스크롤링 습관을 했는지 여부와 그날의 불안도를 함께 기록해서 추가적인 정보를 얻을 수 있다.

당신이 집중하는 습관에 사용할 수 있는 해빗 트래커는 이 책의 맨 마지막 292쪽에 있다.

진전하고 있다는 느낌은 최고의 감정 중 하나다.
설사 그 진전이 작을지라도 말이다.

혼자가 아닌 함께 하는 힘, 책임 파트너

습관의 결말에 작은 보상을 더해서 습관을 더 매력적으로 만들 수 있다면 그 반대도 성립한다. 즉 당신이 끊고자 하는 습관의 결말에 작은 처벌을 더해서 습관을 매력적이지 않게 만들 수 있다. 이렇게 하면 해당 습관을 반복할 가능성이 줄어든다.

그러면 어떻게 처벌을 더할 수 있을까? 한 가지 방법은 책임 파트너를 두어 습관 진행 상황을 보고하는 것이다. 당신이 하겠다고 말한 습관을 하지 않았을 때는 상대에게 밝혀야 한다. 반대로 하지 않겠다고 다짐한 습관을 실수로 했을 때도 역시 알려야 한다. 책임 파트너는 사회적 압력을 더하는 역할을 해 나쁜 행동의 만족도를 낮춘다. 인간은 사회적 존재이고, 누군가 지켜보는 사람이 있다는 사실은 행동을 지속시키는 강력한 동기가 된다.

책임 파트너는 단순히 당신의 행동을 보고받는 사람일 수도 있고, 당신과 같은 행동을 함께 도전하는 사람일 수도 있다. 후자의 경우 서로의 책임 파트너가 되어 서로에게 동기부여를 할 수 있다. 이런 책임 파트너십은 일종의 지원 시스템을 구축해서 프로젝트를 함께 논의하고 어려움을 나누는 등 큰 도움이 될 수 있다.

책임 파트너가 되어 줄 만한 사람으로 누가 있는지, 또 어떤 방식으로 진행할 수 있을지 아이디어를 생각해 적어 보자. 그리고 그중 한 사람을 책임 파트너로 골라 몇 주간 시도해 보자.

습관: _____

책임 파트너	진행 방식

한 주 동안 실천한 소감: 책임 파트너와 함께한 소감이 어떤가? 궤도에서 벗어나지 않는 데 도움이 되었는가? 파트너십에서 조정해야 할 점이 있는가?

_____
_____
_____
_____
_____

책임 파트너가 되어 줄 만한 사람으로 누가 있는지, 또 어떤 방식으로 진행할 수 있을지 아이디어를 생각해 적어 보자. 그리고 그중 한 사람을 책임 파트너로 골라 몇 주간 시도해 보자.

습관: _____

책임 파트너	진행 방식

한 주 동안 실천한 소감: 책임 파트너와 함께한 소감이 어떤가? 궤도에서 벗어나지 않는 데 도움이 되었는가? 파트너십에서 조정해야 할 점이 있는가?

_____
_____
_____

습관 계약서로 문서화하라

습관 계약은 나쁜 행동에 처벌을 더해 행동의 만족도를 낮추는 또 하나의 방법이다. 계약이 법적 조치 위협으로 어떤 규칙을 강제하듯, 습관 계약은 어떤 행동을 하도록 자신을 강제하는 합의다. 다만 다른 점은 행동을 지속하지 않을 때 법적 조치가 아니라 어떤 벌칙을 받을지 명시한다는 것이다. 예컨대 수분 섭취량을 늘리고 싶다면 정해진 목표 섭취량을 달성하지 못하는 날마다 친구에게 5달러를 준다고 습관 계약에 명시하는 식이다. 배달 음식을 줄이고 싶다면 습관 계약에 음식을 배달시킬 때마다 한 주 동안 비디오게임을 금지한다고 적을 수도 있다.

습관 계약은 혼자서도 작성할 수 있지만 책임 파트너를 참여시켜 계약서에 서명하게 한다면 더 강력한 힘을 발휘한다. 이렇게 하면 계약을 이행하지 못할 때 단순히 명시된 처벌만이 아니라 사회적 압력 또한 발생한다.

습관 계약의 목표는 나쁜 행동의 즉각적 결과를 조금 더 불쾌하게 만들어 그 행동의 호감도를 떨어뜨리는 데 있다. 이 전략은 나쁜 습관을 했을 때의 처벌로도, 좋은 습관을 하지 않았을 때의 처벌로도 활용할 수 있어 습관을 만들거나 끊을 때 모두 유용하다.

당신이 현재 집중하고 있는 습관을 다음 페이지의 양식에 따라 작성해서 습관 계약서를 완성해 보자.

습관 계약서

목표는 무엇인가?

_____

지키지 못할 경우 어떤 결과가 벌어지는가?

_____

누구에게 보고하는가?

_____

서명   날짜

_____   _____

책임 파트너 서명   날짜

_____   _____

습관 계약서

목표는 무엇인가?

_____

지키지 못할 경우 어떤 결과가 벌어지는가?

_____

누구에게 보고하는가?

_____

서명   날짜

_____   _____

책임 파트너 서명   날짜

_____   _____

결론: 행동 변화의 네 번째 법칙

지금껏 해온 훈련을 바탕으로 행동 변화의 네 번째 법칙을 어떻게 활용해 습관을 만족스럽게 만들 것인지 정리해 보자. 당신에게 효과가 있었던 것과 없었던 것이 무엇인지 생각해 보고, 각 훈련들을 자유롭게 조합해 보라. 정해진 방식이 아닌 당신에게 맞는 방법을 찾아내는 게 목표다.

습관: _____

| 행동을 변화시키기 위해 네 번째 법칙을 어떻게 활용하겠는가? |

_____

습관: _____

| 행동을 변화시키기 위해 네 번째 법칙을 어떻게 활용하겠는가? |

_____

지금까지 기록한 내용을 살펴보고 이 전략들을 실행하는 데 매진하길 바란다. 이제 당신은 행동 변화를 정착시키는 데 필요한 모든 도구를 얻었다.

핵심 요약표: 행동 변화의 네 번째 법칙

행동 변화의 네 번째 법칙은 '만족스럽게 만들어라'이다.
습관을 만들고 싶다면 습관을 만족스럽게 만들어라.

핵심 원칙	훈련
좋은 행동의 대가는 현재에 있고 보상은 미래에 있다	• 좋은 행동에는 즉각적인 보상을 더해 그 행동이 즉각적으로 즐거울 수 있도록 만들어라.
좋은 행동을 실행하고 나쁜 행동을 피하는 일을 만족스럽게 만들어라	• 강화를 활용해 좋은 행동의 실행 끝에 또는 나쁜 행동의 회피 끝에 즉각적인 보상을 더하라. • 습관을 추적해 진전을 이루는 과정이 만족스럽게 느껴지도록 만들어라.
두 번 연속으로 거르지 마라 • 이분법적 사고의 완벽주의에 사로잡혀 탈선하지 마라.	• '두 번 연속으로 거르지 말자' 추적기를 활용하라. • '연속 기록을 깨지 마라'보다 '두 번 연속으로 거르지 마라' 만트라를 활용하라.

행동 변화의 네 번째 역법칙은 '불만족스럽게 만들어라'이다.
습관을 끊고 싶다면 불만족스럽게 만들어라.

핵심 원칙	훈련
나쁜 행동의 대가는 미래에 있고 보상은 현재에 있다	• 나쁜 행동에 즉각적인 처벌을 더해 그 행동이 즉각적으로 달갑지 않게 만들어라.
나쁜 행동을 불만족스럽게 만들어라	• 나쁜 행동의 결말에 즉각적인 처벌을 더하라. • 책임 파트너를 두어 나쁜 행동이 사회적으로 불쾌하게 느껴지도록 만들어라. • 습관 계약을 만들어 나쁜 행동의 대가가 즉각적으로 나타나도록 만들어라.

셀프 체크리스트

지금까지 잘 진행되고 있는가?

> 한 가지를 꾸준히 잘하면 그 효과가 복리처럼 불어난다.

전반적인 진행 상황을 어떻게 평가하겠는가?

　　　1　　2　　3　　4　　5　　6　　7　　8　　9　　10

습관으로 당신이 구축하고자 하는 정체성이 강화되고 있는가?

지금까지의 노력으로 성취한 작은 승리를 한 가지 꼽으면 무엇이 있는가?

무엇이 잘 진행되고 있는가? 무엇이 잘 진행되고 있지 않은가?

무엇이 당신을 가로막고 있는가? 이를 어떻게 극복할 계획인가?

무엇을 배웠는가?

꾸준히 계속하면 반드시 돌파구가 열린다.

다만 기대하거나 의도한 방식은 아닐 수 있다.

계속할 끈기, 상상과 다른 모습의 성공이 와도

즐길 줄 아는 유연함이 필요하다.

Part 3

지속적 성공을 위한
마인드셋 구축하기

우리에게 필요한 것은
더 쉬운 삶이 아니라 끈기라는 태도다

오래 가는 습관을 위한 마인드셋

이 여정을 시작하며 지속적인 개선에 관해 이야기했다. 목표에 이르는 길은 꾸준하고도 점진적인 변화로, 매일 1퍼센트씩 나아짐으로써 실현된다고 말이다. 지금껏 이런 변화를 실제로 만들어 내는 전략들을 살펴보고 이 워크북의 결론에 이른 지금, 다시 지속적인 개선이라는 원칙으로 돌아가고자 한다. 여기서 특히 강조하고 싶은 점은 복리 효과는 시간의 함수라는 것이다. 1퍼센트 성장은 시간을 들일 때만 복리로 불어나 거대한 변화를 이룬다. 몇 주 동안만 매일 1퍼센트씩 나아진다고 해서 대단한 변화를 불러올 수는 없다. 장기적으로 지속할 때만 가능한 일이다.

다시 말해 실천으로 이어지지 않는 습관은 복리로 커질 수 없다. 결국 우리가 길러야 할 결정적인 기술이 최대한 오래 습관을 실천하는 능력인 이유도 여기에 있다. 습관을 오랫동안 지속할수록 그 힘은 강력해진다.

하지만 행동 변화를 지속하는 일은 대단히 어려울 수 있다. 새로운 습관을 만들었지만 환경이 달라지거나, 첫 실패를 겪고 나서는 더 이어 가지 못하고 중단해 본 경험은 누구나 있을 것이다. 그렇다면 상황이 힘들어졌을 때도 행동 변화를 장기적으로 지속하려면 어떻게 해야 할까? 정답은 이런 장애물을 극복하는 마인드셋을 갖추는 데 있다. 살면서 어떤 일이 닥치든 습관이 회복탄력성을 발휘할 수 있도록 말이다.

이 마지막 섹션에서는 회복탄력적인 마인드셋의 다섯 기둥을 살펴보고, 이 다섯 가지 태도를 함양하는 것이 삶에서 흔히 마주하는 장애물을 극복하는 데 어떻게 도움을 주는지 살펴볼 것이다.

때론 완벽함보다 불완전한 날들이 낫다

행동 변화를 장기간 지속하는 과정에서 가장 어려운 일 한 가지는, 시작이 완벽하지 않아도 된다는 사실을 받아들이는 것이다. 언뜻 모순처럼 들린다. 행동 변화를 추구하는 이유는 더욱 나아지기 위해서가 아닌가? 새로운 습관을 엉망으로 시작하면 나쁜 행동으로 번질 위험이 있지 않을까?

이 질문들이 간과한 사실은, 완벽주의는 행동 변화의 종말을 고하는 것이나 다름없다는 사실이다. 습관을 완벽하게 수행할 수 있을 때를 기다린다면 시작조차 하지 못할 것이다. 설령 시작하더라도 완벽한 하루, 완벽한 조건을 기다리다가는 습관이 몸에 밸 정도로 반복할 기회를 잃는다. 우리의 삶은 너무도 예측 불가능하고, 너무도 불완전하기에 완벽함을 기다리다가는 계속 실행을 미루기만 할 것이다.

이런 이유로 가장 중요한 기술 중 하나가 그냥 시작하는 법을 배우는 것이다. 1킬로미터를 완주하지 못해도 올바른 방향으로 단 한 걸음이라도 내디딘다면 가만히 멈춰 있는 것보다 더욱 멀리 나아갈 것이다.

> 불완전한 시작은 언제든 개선할 수 있지만 완벽한 계획에 집착한다면 한 발짝도 움직일 수 없다.

크게 도움이 될 사실 하나는 완벽한 버전의 습관을 행하지 않아도 긍정적 효과를 충분히 낼 수 있다는 것이다. 딱 5분이라도 제대로 습관을 행한다는 것의 가치를 과소평가해서는 안 된다. 팔굽혀펴기 5분은 견고한 운동이고, 대화 5분으로는 관계를 되살릴 수 있으며, 명상 5분은 기분을 바꾸고, 글쓰기 5분은 아이디어를 선명하게 만든다. 이 5분이 오랜 기간 쌓이고 한 해가 끝날 즈음이면 아무것도 하지 않았을 때보다 더욱 행복해져 있을 것이다. 매일 아침 세 시간 글쓰기가 이상적으로 보일지 모른다. 하지만 하루 5분만 글을 써도 1년이면 책 한 권의 초고가 거의 완성되어 있을 것이다. 완벽한 세 시간의 글쓰기를 할 아침만을 기다리다 보면 아무런 진전도 이룰 수 없다. 어쩌면 그런 아침은 영영 오지 않을 수도 있다.

이런 현실이 당신을 가로막게 두지 마라. 너무 간단해서 형편없게 느껴지는 운동이나 아주 사소한 루틴을 행하는 불완전한 날들이 오히려 가장 중요한 날이 될 수도 있다. 이 불완전한 날들이 당신을 궤도에 붙잡아 두는 힘이다.

생각해 볼 질문

동기는 어떤 일을 하기 전이 아니라 한 후에 올 때가 많다. 행동이 모멘텀을 만든다. 지금 당신은 무엇을 해야 하는가?

_____
_____
_____
_____

시작을 미루는 중이라면 정말 계획이 더 필요해서인가, 아니면 그냥 실행만 하면 될 문제인가?

_____
_____
_____

준비가 되지 않은 것 같아서 또는 완벽하지 않을 것 같아서 미루고 있는 일은 무엇인가? 그 일을 시작하는 데 무엇이 도움을 줄 수 있겠는가?

진작 시작했으면 좋았겠다고 생각하는 일은 무엇인가? 오늘 그 일을 시작할 수 있겠는가?

일주일이 아닌 1년을 내다보는 힘

미래를 계획하고 빠른 결과를 기대해선 안 된다는 사실을 알면서도, 실제로 기다리고 인내하기는 어려울 수 있다. 몇 주 동안 변화가 없는 것은 받아들여도, 6개월이 지나도 목표를 달성하지 못하면 낙담한다. 미래의 목표를 세운다고 하지만 10년이 아닌 5년의 미래를 생각한다. 이런 태도의 문제는 진짜 보상이 찾아오는 때, 즉 복리가 쌓여 진짜 성과로 바뀌는 때는 바로 먼 미래에 있다는 걸 수용하지 못하는 것이다.

> 10년 후 훌륭해지는 것을 목표로 삼아라. 10년 후 훌륭한 몸으로 이어질 건강 습관을 오늘 만들어라. 10년 후 훌륭한 인간관계로 이어질 사회적 습관을 오늘 만들어라. 10년 후 훌륭한 지식으로 이어질 학습 습관을 오늘 만들어라. 장기적 사고는 당신의 비밀 무기가 될 것이다.

하지만 이렇게 장기적 사고를 하는 사람이 드문 만큼, 당신은 먼 미래를 당신만의 경쟁력으로 삼을 수 있다. 대부분 사람이 몇 달은 계획을 따르지만 만일 당신이 몇 년 동안 계획을 따를 수 있다면 무리에서 앞서 나갈 수 있다. 대부분 사람이 3년 계획을 세우지만 만일 당신이 10년 계획을 세울 수 있다면 훨씬 많은 것을 이룰 수 있다.

> 인내는 경쟁력이다. 대단히 많은 분야에서 합리적인 일을 그저 남들보다 오래 하는 것만으로도 성공할 수 있다.

하지만 장기적 사고는 단기적 실행과 함께해야만 힘을 발휘할 수 있다. 미래를 계획만 하고 가만히 때만 기다리고 있으면 아무 일도 일어나지 않는다. 장기적으로 생각하되 미루지 마라. 장기적 결과로 이어지는 매일의 실행을 꾸준하게 하라.

생각해 볼 질문

앞으로 한 시간 동안 어떤 일을 하면 10년 뒤 당신이 원하는 곳에 가까워질 수 있는가?

5년 뒤, 10년 뒤, 20년 뒤, 인생의 끝에 이르렀을 때 당신은 어느 곳에 있고 싶은가?

장기적으로 생각하는 것이 가장 힘들 때는 언제인가? 이런 순간에 더욱 큰 그림을 떠올리기 위해서는 어떻게 해야 하는가?

'예스'는 책임, '노'는 결정이다

어떤 프로젝트를 하든 어느 지점에 이르면 동기가 약해지는 순간이 필연적으로 찾아온다. 초반의 흥분은 사라지고, 최종 목표는 여전히 보이지 않는 저 너머에 자리하며, 열정은 정체기를 맞이한 것 같은 순간이다. 이런 순간에는 사라진 동력에 항복하기가 쉽고, 실제로 그럴 때가 많다. 이 정체기를 뚫는 비결은 집중을 유지하는 것이다.

큰 그림을 잊어서는 안 된다는 당연한 사실에도 불구하고 자신이 무엇을 이루고자 하는지 잊어버리기가 너무도 쉽다. 어디로 향하고 있는지, 무엇을 최우선으로 삼는지 분명하게 인식한다면 상황이 힘들어져도 진로를 유지하고 계획에서 벗어나지 않을 수 있다. 무엇을 향해 나아가는지, 이유가 무엇인지 항상 기억해야 한다. 강한 목적의식이 있다면 가장 험난한 정체기도 뚫고 지나갈 수 있다.

집중력은 주의산만의 시대에서 경쟁 우위를 마련해 준다. 우리의 시간은 유한하고, 주의력이 여기저기로 분산되면 훌륭한 일들을 해낼 힘이 약해진다. 그러니 더 열심히, 더 늦은 시간까지 노력하고, 너무 많은 일을 벌이기보다는 우선 잠시 멈춰 지금의 우선순위에 집중하라.

시간은 당신이 가진 최고의 자원이다. 없앨 수 있는 것들을 최대한 없앨수록 당신에게 주도권이 돌아온다. '노'라고 말하면 단 하나의 선택지를 거절하는 것이다. 하지만 '예스'라고 말하면 그 외 모든 선택지에 '노'라고 말하는 것이다. '노'는 결정이고 '예스'는 책임이다. 부담스러운 약속에 '노'라고 말하고 불필요한 일들을 덜어 내라. 에너지를 현명하게 써라.

> 문제를 해결하는 데 시간을 쏟기 전에 일단 실행하는 데 집중하라. 당신에게 필요한 건 더 많은 시간이 아니라 방해 요소를 줄이는 것일지도 모른다. 무언가를 더할지 생각하지 마라. 무엇을 덜어 낼 수 있을지 생각하라.

생각해 볼 질문

동기가 약해질 때 당신이 목적을 되새기는 방법은 무엇인가?

___

그 일을 하는 순간에는 생산적으로 느껴지지만 사실 시간과 에너지를 낭비하는 일은 무엇인가?

___

당신의 에너지를 지나치게 앗아가는 것은 무엇인가? 지금 당장 '노'라고 말하고 싶은 일은 무엇인가?

모멘텀은 양날의 검이다. 당신을 더욱 새롭고 높은 곳으로 나아가게도 하지만 과거의 선택과 오랜 습관에 가둬 두기도 한다. 건강한 모멘텀이 형성된 영역은 어디인가? 건강하지 않은 모멘텀이 형성된 영역은 어디인가?

계획된 실패는 회복도 빠르다

때로는 좌절을 경험할 수밖에 없다. 목표를 달성하지 못하고, 장애물을 만나고, 실수로 궤도에서 멀리 벗어날 수도 있다. 이런 순간에는 다 끝난 것만 같고, 돌아갈 길이 없는 것 같고, 포기만이 답처럼 느껴질 수 있다. 이럴 때 좌절하지 않고 어떻게 다시 일어설까?

답은 빠르게 회복하는 법을 배우는 것이다. 실수는 배움의 순간이지, 최종 판결이 아니다. 성공은 실수를 피하는 데 있지 않고 실수에 어떻게 대응하느냐에 달려 있다. 실패가 없다면 스윙이 그리 크지 않다는 뜻이다. 실수에서 배우되 실수가 당신을 가로막게 두지 마라.

> 승리의 비결은 패배하는 법을 배우는 것이다. 즉 실패에 좌절하지 않고 다시 일어나 꾸준히 나아가는 법을 배우는 것이다. 실패에 어떻게 대응하느냐가 성공의 역량을 좌우한다.

사실 문제는 좌절에 있지 않다. 좌절을 경험하며 스스로 하는 자기 판단이 문제다. 자기 비난과 자신감 상실은 그 어떤 실패보다도 당신이 나아가지 못하게 가로막는 벽이다. 그러니 실패를 경험할 때 부정적인 자기 대화에 저항해야 한다. 자신을 비난하기보다는 연민하고, 당신의 가치는 프로젝트의 성공 여부와는 무관하다는 점을 기억하라. 자신을 용서하고 재빨리 다시 일어나라.

> 실수했는가? 죄책감은 흘려보내고 가르침만 새겨라.

그리고 실패에 대한 계획을 세워야 한다. 미리 계획하면 장애물이 나타났을 때 놀라는 일이 없다. 계획은 장애물에 가장 잘 대응하고 피할 수 있는 방법이다.

> 실패를 기대하지는 말되 항상 계획하라. 궤도에서 벗어났을 때를 위한 계획이 있을 때 가장 빠르게 궤도로 돌아올 수 있다.

생각해 볼 질문

실패의 가장 유력한 원인은 무엇일까? 이 실패를 어떻게 예방할 수 있을까? 실패한다면 어떻게 회복할 수 있을까?

_____
_____
_____
_____
_____

현재 당신은 자신과의 약속을 지키지 못했거나 좌절을 경험할 때 어떻게 대응하는가? 더 생산적인 대응 방식으로는 무엇이 있을까?

_____
_____
_____
_____
_____

일시적인 실수와 완전한 포기는 어떻게 다른가?

_____
_____
_____
_____

때로는 유연하게, 내 삶의 궤도에 따라

지금까지 장기적 사고와 계획에 대해 주로 이야기했다. 하지만 계획에는 한 가지 문제가 있다. 항상 통하지는 않는다는 것이다. 발생할 수 있는 모든 일과 변동 사항, 장애물까지 전부 고려해 세밀한 계획을 세웠다고 확신했지만, 뜻밖의 문제에 부딪혀 계획이 엇나갔던 적은 없는가? 어떤 미래든 잘 준비할 수 있다고 믿고 싶지만 삶은 예측할 수 없고, 정확한 계획을 세우기란 대단히 어렵다.

이런 예상치 못한 변화의 순간에서 가장 중요한 것은 대응 방식이다. 과거에 갇혀 이렇게 되지 않았다면 좋았을 거라고 한탄할 수도 있고, 새로운 현실을 받아들이고 적응해 나갈 수도 있다. 이런 순간에 힘을 발휘하는 것은 집요함이 아니라 유연성과 적응성이다. 소용없는 계획을 따르는 데 전력을 다하기보다는 상황을 수용하고, 앞으로 나아가기 위한 변화를 취해야 한다. 변화는 불가피하고, 이에 맞서는 태도는 에너지만 낭비할 뿐이다.

이런 태도는 꾸준히, 장기적으로 습관을 지속할 때 커지는 복리의 힘에 대한 담론에서도 중요하다. 이론상 꾸준함은 절제와 굳은 의지, 확고한 마음가짐을 의미한다. 하지만 실전에서 꾸준함이란 적응력을 발휘

> 최상의 준비는 어떤 시나리오를 준비하는 것이 아니라 불확실성을 다룰 마인드셋이다.

하는 태도다. 시간이 부족하다면? 쉬운 버전으로 행하면 된다. 상황에 따라 다양한 방식을 활용해 일단 계속하는 것이다. 그날그날의 요구, 삶의 계절에 맞춰 습관의 형태를 달리해야 한다. 변화가 필요하다고 해서 당신 또는 당신의 습관이 실패했다는 것은 아니다. 그저 당신이 성장하고 있고, 그런 당신을 따라 습관도 함께 성장한다는 의미다.

생각해 볼 질문

유연하게 적응해야 했던 때는 언제였는가? 결과는 어땠는가?

과거에는 효과적이었지만 현재의 삶에 어울리지 않는 습관은 무엇인가?

유연함을 발휘하기 가장 어려운 영역은 어디인가?

1년 후 나의 성장을 확인하는 체크리스트

삶에서 어떤 일이 벌어지든 잘 버티는, 적응력 높은 마인드셋을 기르는 최고의 방법은 성찰의 시간을 마련하는 것이다. 그러기 위해서는 자주 검토하는 세션을 마련하는 것이 좋다. 이를 통해 현재 상황을 점검하고 필요한 변화를 도입하며, 시각을 넓혀 지금껏 당신이 알아채지 못했던 성장을 확인할 수도 있다. 다음은 내가 참고용으로 사용하는 연말 검토 서식이다.

연말 검토

1. 습관을 얼마나 잘 이행했는지 집계해 보자.

___

___

___

___

2. 진행 상황을 되돌아보자.

a. 올해 잘 진행되었던 것은 무엇인가?

___

___

___

___

b. 올해 잘 진행되지 않았던 것은 무엇인가?

c. 무엇을 배웠는가?

6개월 중간 점검

1. 당신의 삶과 일을 이끄는 핵심 가치들은 무엇인가?

2. 지금 당신은 삶과 일에서 진정성을 어떻게 지키고 있는가?

3. 앞으로 당신의 기준을 어떻게 더욱 높여 갈 것인가?

계속 나아갈 힘을 얻을 만큼 승리하라.

계속 배움을 얻을 만큼 패배하라.

부록

습관을 완성해 줄
실전 도구들

첫 번째 과제는
당신에게 쉬운 일을 찾는 것이며
두 번째 과제는 그 일에
최대한의 노력을 쏟는 것이다

한 페이지로 보는 습관의 모든 것

매일 1퍼센트씩: 성공은 일생일대의 변화가 아니라 매일의 습관이 만들어 낸 결과물이다. 매일 1퍼센트씩 성장하는 데 초점을 맞춘다면 복리의 힘으로 1년 뒤에는 37배 더 나아져 있을 것이다.

정체성에서 시작하라: 자신의 정체성에 부합하는 행동을 하기가 가장 쉽다. 무엇을 성취하고 싶은지가 아니라 어떤 사람이 되고 싶은지에 초점을 맞추면 행동은 따라온다.

목표보단 시스템: 목표는 방향을 설정하게 해주지만 시스템이 있어야 목표에 이를 수 있다. 올바른 시스템을 만드는 데 집중하면 그 시스템이 당신을 목표로 안내할 것이다.

| 신호 | → | 열망 | → | 반응 | → | 보상 |

습관을 만들고 싶다면

첫 번째 법칙 분명하게 만들어라	두 번째 법칙 매력적으로 만들어라	세 번째 법칙 하기 쉽게 만들어라	네 번째 법칙 만족스럽게 만들어라
• 습관 쌓기를 활용하라. • 신호가 분명하게 보이도록 환경을 재설계하라.	• 유혹 묶기를 활용하라. • 습관에 힘을 실어 주는 사회적 환경을 재설계하라.	• 2분 규칙을 활용하라. • 습관을 재미있는 버전으로 행하라. • 마찰이 낮은 환경을 설계하라. • 결정적 순간을 장악하라. • 약속 유지 장치를 활용하라.	• 강화를 활용하라.

습관을 끊으려면

첫 번째 법칙 보이지 않게 만들어라	두 번째 법칙 매력적이지 않게 만들어라	세 번째 법칙 하기 어렵게 만들어라	네 번째 법칙 불만족스럽게 만들어라
• 신호가 무엇인지 파악하고 이를 제거하라. • 신호가 낮아지도록 물리적 환경을 재설계하라.	• 열망이 무엇인지 확인하고 이를 제거하라. • 열망을 충족할 더욱 나은 방법을 찾아라. • 습관에 힘을 실어 주는 사회적 환경을 설계하라. • 마인드셋을 전환하라.	• 마찰이 높은 환경을 설계하라. • 결정적 순간을 장악하라. • 약속 유지 장치를 활용하라.	• 책임 파트너를 두어라. • 습관 계약을 맺어라.

올바른 마인드셋으로 장애물을 헤쳐 나가라

- 완벽하기보다는 실행하는 게 중요하다.
- 장기적으로 생각하라.
- 집중을 유지하라.
- 실패를 계획하고 빠르게 회복하라.
- 적응하고 유연하라.
- 검토하고 변화를 도입하라.

빠르게 시작하는 습관 만들기 워크시트
한 페이지로 보는 습관 만들기

만들고자 하는 습관:

_____

이 습관이 강화하는 정체성:

_____

목표가 아니라 시스템에 집중해야 함을 이해했습니다. ☐

습관을 분명하게 만들 방법들	습관을 매력적으로 만들 방법들

습관을 하기 쉽게 만들 방법들	습관을 만족스럽게 만들 방법들

난관에 대비하라

예상되는 장애물	장애물 극복 계획

빠르게 시작하는 습관 끊기 워크시트
한 페이지로 보는 습관 끊기

끊고자 하는 습관:

_____

이 습관을 끊으면 강화되는 정체성:

_____

목표가 아니라 시스템에 집중해야 함을 이해했습니다. ☐

습관을 보이지 않게 만들 방법들	습관을 매력적이지 않게 만들 방법들

습관을 하기 어렵게 만들 방법들	습관을 불만족스럽게 만들 방법들

난관에 대비하라

예상되는 장애물	장애물 극복 계획

부록 • 습관을 완성해 줄 실전 도구들

핵심 요약표: 좋은 습관을 만드는 법

핵심 원칙	훈련
행동 변화의 첫 번째 법칙은 '분명하게 만들어라'이다. 습관을 만들고 싶다면 분명하게 만들어라.	
강력하고 분명한 신호를 만들어라 • 새로운 습관을 유발하는 신호를 만들어라. 신호가 분명할수록 습관이 유발될 가능성이 크다. • 신호의 다섯 가지 유형, 즉 시간, 장소, 선행 사건, 감정 상태, 타인을 활용하라. • 구체적이고 즉시 실행 가능한 신호를 선택하라.	• 실행 의도를 활용하라: '나는 [언제] [어디서] [어떤 행동]을 할 것이다.' • 습관 쌓기를 활용하라: '[현재의 습관]을 하고 나서 [새로운 습관]을 할 것이다.' – 개별적 습관, 루틴, 큰 틀 쌓기를 활용하라. • 확인하고 외치는 전략으로 습관을 분명하게 만들어라.

환경을 설계하라
• 행동은 환경의 함수다.
• 신호가 최대한 분명하도록 환경을 설계하라.
  – 신호는 모든 감각으로 감지되지만 시각적 신호가 가장 강력하다.
  – 환경 곳곳에 신호를 여럿 배치하라.
• 새로운 공간에서 새로운 습관을 시작하는 것이 더 쉽다.
• 하나의 공간은 하나의 용도로 사용하라.
	• 좋은 습관의 신호가 분명하게 보이도록 환경을 재설계하라.
	• 새로운 습관을 실행할 새로운 공간을 선택하라.
	• 현재 환경 안에서 공간을 분리해 마련하라.

행동 변화의 두 번째 법칙은 '매력적으로 만들어라'이다. 습관을 만들고 싶다면 매력적으로 만들어라.	
열망을 만들어라 • 습관은 긍정적인 감정과 연계시킬 때 매력적인 것이 된다. • 새로운 습관은 아직 긍정적인 감정과 연결성을 갖추지 못했으므로 이 습관을 열망하는 대상으로 만들어야 한다.	• 유혹 묶기를 활용하라. 당신에게 필요한 행동을 당신이 원하는 행동과 묶어라. • 습관을 재미있게 만들어라. • 동기부여 의식을 만들어라. • 마인드셋을 전환하라. 좋은 습관을 수행할 때 경험하는 이점에 초점을 맞춰라.
사회적 환경을 설계하라 • 우리의 사회적 환경, 즉 우리가 속한 집단과 맺고 있는 관계는 습관의 매력도를 결정하는 가장 큰 요인이다.	• 습관 변화에 힘을 실어 주는 사회적 환경을 설계하라. • 당신이 바라는 행동이 일반적인 행동인 집단에 합류하라.

핵심 원칙	훈련
행동 변화의 세 번째 법칙은 '하기 쉽게 만들어라'이다. 습관을 만들고 싶다면 하기 쉽게 만들어라.	
최대화하기 전에 표준화하라 • 습관의 이상적인 버전보다 실행 가능한 버전에 집중하라. • 작게 시작해 습관을 하기 쉽게 만들고 원하는 자아상을 강화하라. • 완벽보다는 시작이 중요하다.	• 2분 규칙을 활용하라. • 습관을 재미있는 버전으로 만들어라. • 처음에는 작게 시작해서 점차 규모를 키워라.
결정적 순간을 장악하라 • 하루 중 더욱 큰 영향력을 발휘하는 순간들이 있다.	• 결정적 순간을 장악하라. 큰 영향력을 발휘하는 작은 선택들을 최적화하라.
환경을 설계하라 • 좋은 습관의 마찰을 줄여라.	• 좋은 습관을 실천하기 쉽게 환경을 설계하라.
미래 행동을 고정하라 • 좋은 행동이 자동화되도록 미래의 자신을 위한 결정을 내려라.	• 약속 유지 장치를 활용하라. • 좋은 습관은 자동화를 활용하라. • 일회성 행동을 활용해 좋은 행동을 필연적으로 만들어라.
행동 변화의 네 번째 법칙은 '만족스럽게 만들어라'이다. 습관을 만들고 싶다면 만족스럽게 만들어라.	
좋은 행동의 대가는 현재에 있고 보상은 미래에 있다	• 좋은 행동에는 즉각적인 보상을 더해 그 행동이 즉각적으로 즐거울 수 있도록 만들어라.
좋은 행동을 하고 나쁜 행동을 피하는 일을 만족스럽게 만들어라	• 강화를 활용해 좋은 행동의 실행 끝에 또는 나쁜 행동의 회피 끝에 즉각적인 보상을 더하라. • 습관을 추적해 진전을 이루는 과정이 만족스럽게 느껴지도록 만들어라.
두 번 연속으로 거르지 마라 • 이분법적 사고의 완벽주의에 사로잡혀 탈선하지 마라.	• '두 번 연속으로 거르지 말자' 추적기를 활용하라. • '연속 기록을 깨지 마라'보다 '두 번 연속으로 거르지 마라' 만트라를 활용하라.

핵심 요약표: 나쁜 습관을 끊는 법

핵심 원칙	훈련
행동 변화의 첫 번째 역법칙은 '보이지 않게 만들어라'이다. 습관을 끊고 싶다면 보이지 않게 만들어라.	
신호가 무엇인지 파악하고 이를 보이지 않게 만들어라	• 확인하고 외치는 전략을 활용해 신호를 파악하라.
나쁜 습관의 신호를 재설계하라	• 습관 쌓기를 활용해 기존의 신호를 재설계하라.
환경을 설계하라 • 행동은 환경의 함수다. • 신호가 최대한 보이지 않도록 환경을 설계하라.	• 나쁜 습관의 신호가 보이지 않도록 환경을 재설계하라.
자제력에 대한 오해 • 자제력의 비결은 자제력을 발휘하지 않아도 되는 환경에 있다. • 자제력이 높아 보이는 사람은 실제로는 유혹이 덜한 환경에서 주로 머무는 것뿐이다.	• 나쁜 습관의 유혹을 피하려 에너지를 쓰지 말고 최대한 유혹이 없는 환경을 설계하라.
행동 변화의 두 번째 역법칙은 '매력적이지 않게 만들어라'이다. 습관을 끊고 싶다면 매력적이지 않게 만들어라.	
열망을 포착하라 • 나쁜 습관을 열망하는 이유를 파악해야 이 열망을 해결할 수 있다. • 습관은 열망의 해결책이다. 열망을 파악한다면 더 나은 해결책을 찾을 수 있다.	• 확인하고 외치는 전략으로 열망이 솟아오르는 순간을 인식할 수 있다. • 열망을 충족시킬 대체 습관을 찾아라.
나쁜 습관을 매력적이지 않게 만들어라	• 마인드셋을 전환하라. 나쁜 습관을 피할 때 경험하는 이점에 초점을 맞춰라.
사회적 환경을 설계하라 • 우리의 사회적 환경, 즉 우리가 속한 집단과 맺고 있는 관계는 습관의 매력도를 결정하는 가장 큰 요인이다.	• 습관 변화에 힘을 실어 주는 사회적 환경을 설계하라. • 나쁜 습관을 활성화하는 집단과 거리를 두고, 나쁜 습관을 변화시키는데 도움을 주는 집단에 합류하라.

핵심 원칙	훈련
행동 변화의 세 번째 역법칙은 '하기 어렵게 만들어라'이다. 습관을 끊고 싶다면 습관을 하기 어렵게 만들어라.	
결정적 순간을 장악하라 • 하루 중 더욱 큰 영향력을 발휘하는 순간들이 있다.	• 결정적 순간을 장악하라. 큰 영향력을 발휘하는 작은 선택들을 최적화하라.
환경을 설계하라 • 나쁜 습관의 마찰을 높여라.	• 나쁜 습관을 실행하기 어렵도록 환경을 설계하라.
미래의 행동을 고정하라 • 나쁜 행동이 불가능해지도록 미래의 자신을 위한 결정을 내려라. • 미래에 잘못된 선택을 내리는 일을 수고스럽게 만들어라.	• 약속 유지 장치를 활용하라. • 나쁜 행동이 불가능해지도록 자동화를 활용하라. • 일회성 행동을 활용해 나쁜 행동을 불가능하게 만들어라.
행동 변화의 네 번째 역법칙은 '불만족스러운 것으로 만들어라'이다. 습관을 끊고 싶다면 습관을 불만족스럽게 만들어라.	
나쁜 행동의 대가는 미래에 있고 보상은 현재에 있다	• 나쁜 행동에 즉각적인 처벌을 더해 그 행동이 즉각적으로 달갑지 않게 만들어라.
나쁜 행동을 불만족스럽게 만들어라	• 나쁜 행동의 결말에 즉각적인 처벌을 더하라. • 책임 파트너를 두어 나쁜 행동이 사회적으로 불쾌하게 느껴지도록 만들어라. • 습관 계약을 만들어 나쁜 행동의 대가가 즉각적으로 나타나도록 만들어라.

Habit Tracker

MONTH	1	2	3	4	5	6	7	8	9	10	11	12
	1월		2월		3월		4월		5월		6월	
HABIT												

'습관 체크하기' 대신 '두 번 연속으로 거르지 않기' 트래커를 만들고 싶다면 서로 다른 색의 펜 두 개를 골라 하나는 습관을 실천했을 때, 다른 하나는 습관을 실천하지 못했을 때를 표시한다. 목표는 '거름' 표시가 두 번 연속으로 등장하지 않는 것이다.

15	16	17	18	19	20	21	22	23	24	25	26	27	28	29	30	31	
7월					8월					9월					10월		11월					12월						TOTAL

Habit Tracker

Habit Tracker

MONTH		1 1월	2	3 2월	4	5 3월	6	7 4월	8	9 5월	10	11 6월	12
HABIT													

'습관 체크하기' 대신 '두 번 연속으로 거르지 않기' 트래커를 만들고 싶다면 서로 다른 색의 펜 두 개를 골라 하나는 습관을 실천했을 때, 다른 하나는 습관을 실천하지 못했을 때를 표시한다. 목표는 '거름' 표시가 두 번 연속으로 등장하지 않는 것이다.

15	16	17	18	19	20	21	22	23	24	25	26	27	28	29	30	31	
7월				8월				9월				10월		11월		12월	TOTAL

Habit Tracker

Habit Tracker

MONTH		1	2	3	4	5	6	7	8	9	10	11	12
HABIT		1월		2월		3월		4월		5월		6월	

'습관 체크하기' 대신 '두 번 연속으로 거르지 않기' 트래커를 만들고 싶다면 서로 다른 색의 펜 두 개를 골라 하나는 습관을 실천했을 때, 다른 하나는 습관을 실천하지 못했을 때를 표시한다. 목표는 '거름' 표시가 두 번 연속으로 등장하지 않는 것이다.

15	16	17	18	19	20	21	22	23	24	25	26	27	28	29	30	31	
7월					8월					9월					10월		TOTAL

Habit Tracker

Habit Tracker

MONTH	1	2	3	4	5	6	7	8	9	10	11	12
	1월		2월		3월		4월		5월		6월	
HABIT												

'습관 체크하기' 대신 '두 번 연속으로 거르지 않기' 트래커를 만들고 싶다면 서로 다른 색의 펜 두 개를 골라 하나의 습관을 실천했을 때, 다른 하나는 습관을 실천하지 못했을 때를 표시한다. 목표는 '거름' 표시가 두 번 연속으로 등장하지 않는 것이다.

15	16	17	18	19	20	21	22	23	24	25	26	27	28	29	30	31	TOTAL
7월			8월				9월			10월			11월			12월	

Habit Tracker

Habit Tracker

MONTH	1	2	3	4	5	6	7	8	9	10	11	12
HABIT	1월		2월		3월		4월		5월		6월	

'습관 체크하기' 대신 '두 번 연속으로 거르지 않기' 트래커를 만들고 싶다면 서로 다른 색의 펜 두 개를 골라 하나는 습관을 실천했을 때, 다른 하나는 습관을 실천하지 못했을 때 표시한다. 목표는 '거름' 표시가 두 번 연속으로 등장하지 않는 것이다.

15	16	17	18	19	20	21	22	23	24	25	26	27	28	29	30	31	
7월					8월					9월					10월		TOTAL

Habit Tracker

Habit Tracker

MONTH	1	2	3	4	5	6	7	8	9	10	11	12
HABIT	1월		2월		3월		4월		5월		6월	

'습관 체크하기' 대신 '두 번 연속으로 거르지 않기' 트래커를 만들고 싶다면 서로 다른 색의 펜 두 개를 골라 하나는 습관을 실천했을 때, 다른 하나는 습관을 실천하지 못했을 때를 표시한다. 목표는 '거름' 표시가 두 번 연속으로 등장하지 않는 것이다.

15	16	17	18	19	20	21	22	23	24	25	26	27	28	29	30	31	TOTAL
7월				8월				9월				10월				11월	12월

Habit Tracker

Habit Tracker

	1	2	3	4	5	6	7	8	9	10	11	12
MONTH	1월		2월		3월		4월		5월		6월	
HABIT												

'습관 체크하기' 대신 '두 번 연속으로 거르지 않기' 트래커를 만들고 싶다면 서로 다른 색의 펜 두 개를 골라 하나는 습관을 실천했을 때, 다른 하나는 습관을 실천하지 못했을 때를 표시한다. 목표는 '거름' 표시가 두 번 연속으로 등장하지 않는 것이다.

15	16	17	18	19	20	21	22	23	24	25	26	27	28	29	30	31	
7월					8월					9월					10월		11월					12월							TOTAL

Habit Tracker

Habit Tracker

MONTH	1	2	3	4	5	6	7	8	9	10	11	12
	1월		2월		3월		4월		5월		6월	
HABIT												

'습관 체크하기' 대신 '두 번 연속으로 거르지 않기' 트래커를 만들고 싶다면 서로 다른 색의 펜 두 개를 골라 하나는 습관을 실천했을 때, 다른 하나는 습관을 실천하지 못했을 때를 표시한다. 목표는 '거름' 표시가 두 번 연속으로 등장하지 않는 것이다.

15	16	17	18	19	20	21	22	23	24	25	26	27	28	29	30	31	
7월			8월			9월			10월			11월			12월		TOTAL

Habit Tracker

Habit Tracker

	1	2	3	4	5	6	7	8	9	10	11	12
MONTH	1월		2월		3월		4월		5월		6월	
HABIT												

'습관 체크하기' 대신 '두 번 연속으로 거르지 않기' 트래커를 만들고 싶다면 서로 다른 색의 펜 두 개를 골라 하나는 습관을 실천했을 때, 다른 하나는 습관을 실천하지 못했을 때를 표시한다. 목표는 '거름' 표시가 두 번 연속으로 등장하지 않는 것이다.

15	16	17	18	19	20	21	22	23	24	25	26	27	28	29	30	31	
7월		8월			9월			10월			11월			12월			TOTAL

Habit Tracker

Habit Tracker

MONTH	1	2	3	4	5	6	7	8	9	10	11	12
HABIT	1월		2월		3월		4월		5월		6월	

'습관 체크하기' 대신 '두 번 연속으로 거르지 않기' 트래커를 만들고 싶다면 서로 다른 색의 펜 두 개를 골라 하나는 습관을 실천했을 때, 다른 하나는 습관을 실천하지 못했을 때를 표시한다. 목표는 '거름' 표시가 두 번 연속으로 등장하지 않는 것이다.

15	16	17	18	19	20	21	22	23	24	25	26	27	28	29	30	31	TOTAL
7월					8월					9월					10월		11월					12월						

Habit Tracker

Habit Tracker

MONTH	1	2	3	4	5	6	7	8	9	10	11	12
	1월		2월		3월		4월		5월		6월	
HABIT												

'습관 체크하기' 대신 '두 번 연속으로 거르지 않기' 트래커를 만들고 싶다면 서로 다른 색의 펜 두 개를 골라 하나는 습관을 실천했을 때, 다른 하나는 습관을 실천하지 못했을 때를 표시한다. 목표는 '거름' 표시가 두 번 연속으로 등장하지 않는 것이다.

15	16	17	18	19	20	21	22	23	24	25	26	27	28	29	30	31	
7월					8월					9월					10월		TOTAL

Habit Tracker

Habit Tracker

MONTH	1	2	3	4	5	6	7	8	9	10	11	12
	1월		2월		3월		4월		5월		6월	
HABIT												

'습관 체크하기' 대신 '두 번 연속으로 거르지 않기' 트래커를 만들고 싶다면 서로 다른 색의 펜 두 개를 골라 하나는 습관을 실천했을 때, 다른 하나는 습관을 실천하지 못했을 때를 표시한다. 목표는 '거름' 표시가 두 번 연속으로 등장하지 않는 것이다.

15	16	17	18	19	20	21	22	23	24	25	26	27	28	29	30	31	
7월		8월			9월			10월			11월			12월			TOTAL

Habit Tracker

Habit Tracker

MONTH	1	2	3	4	5	6	7	8	9	10	11	12
	1월		2월		3월		4월		5월		6월	
HABIT												

'습관 체크하기' 대신 '두 번 연속으로 거르지 않기' 트래커를 만들고 싶다면 서로 다른 색의 펜 두 개를 골라 하나는 습관을 실천했을 때, 다른 하나는 습관을 실천하지 못했을 때를 표시한다. 목표는 '거름' 표시가 두 번 연속으로 등장하지 않는 것이다.

15	16	17	18	19	20	21	22	23	24	25	26	27	28	29	30	31	
7월			8월				9월			10월			11월			12월	TOTAL

Habit Tracker

Habit Tracker

MONTH	1	2	3	4	5	6	7	8	9	10	11	12
	1월		2월		3월		4월		5월		6월	
HABIT												

'습관 체크하기' 대신 '두 번 연속으로 거르지 않기' 트래커를 만들고 싶다면 서로 다른 색의 펜 두 개를 골라 하나는 습관을 실천했을 때, 다른 하나는 습관을 실천하지 못했을 때를 표시한다. 목표는 '거름' 표시가 두 번 연속으로 등장하지 않는 것이다.

15	16	17	18	19	20	21	22	23	24	25	26	27	28	29	30	31	TOTAL
7월		8월			9월			10월			11월			12월			

Habit Tracker

The Atomic Habits Workbook